"十三五"国家重点出版物出版规划项目

 转型时代的中国财经战略论丛 ◢

环境规制绩效的区域差异研究

臧传琴 著

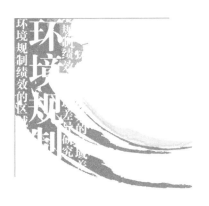

中国财经出版传媒集团

经济科学出版社
Economic Science Press

图书在版编目（CIP）数据

环境规制绩效的区域差异研究/臧传琴著 . —北京：
经济科学出版社，2019.9
（转型时代的中国财经战略论丛）
ISBN 978 - 7 - 5218 - 0960 - 2

Ⅰ.①环… Ⅱ.①臧… Ⅲ.①环境规划 – 影响 – 经济
绩效 – 研究 – 中国 Ⅳ.①F127②X321.2

中国版本图书馆 CIP 数据核字（2019）第 210964 号

责任编辑：于海汛 陈 晨
责任校对：王肖楠
责任印制：李 鹏

环境规制绩效的区域差异研究

臧传琴 著
经济科学出版社出版、发行 新华书店经销
社址：北京市海淀区阜成路甲 28 号 邮编：100142
总编部电话：010 - 88191217 发行部电话：010 - 88191522
网址：www. esp. com. cn
电子邮件：esp@ esp. com. cn
天猫网店：经济科学出版社旗舰店
网址：http：//jjkxcbs. tmall. com
北京季蜂印刷有限公司印装
710×1000 16 开 12.75 印张 200000 字
2019 年 9 月第 1 版 2019 年 9 月第 1 次印刷
ISBN 978 - 7 - 5218 - 0960 - 2 定价：52.00 元
（图书出现印装问题，本社负责调换。电话：010 - 88191510）
（版权所有 侵权必究 打击盗版 举报热线：010 - 88191661
QQ：2242791300 营销中心电话：010 - 88191537
电子邮箱：dbts@esp. com. cn）

前　言

　　良好生态环境是人类生存与健康的基础。纵观人类社会发展史，自工业革命以来，生产力发展突飞猛进，物质文明建设取得了长远发展。可是，毋庸讳言，生产力的巨大发展在给人类带来丰裕的物质享受的同时，资源的大量消耗和环境污染的日益严重，也使得我们取得的经济成就大打折扣，并日益威胁到人类社会的可持续发展。习近平总书记早在2003年就提出"生态兴则文明兴，生态衰则文明衰"这一阐述生态与文明关系的重要思想，在2019年中国北京世界园艺博览会开幕式上的讲话中又再次指出："地球是全人类赖以生存的唯一家园。我们要像保护自己的眼睛一样保护生态环境，像对待生命一样对待生态环境，同筑生态文明之基，同走绿色发展之路！"

　　因此，自20世纪60年代以来，随着一系列重大环境污染事件的发生，轰轰烈烈的环境保护运动在世界范围内相继展开，各国的环境规制逐渐加强。就中国来看，作为第一次联合国环境保护大会的成员，环境规制自70年代逐渐走上了制度化、规范化的道路，环境规制力度逐渐加强，有效遏制了环境质量不断恶化的趋势，环境绩效较为明显。

　　不过，中国是一个大国，不论是从经济总量还是从人口或疆域来看都是一个大国。受历史、自然、经济等因素的影响，不同区域的环境规制绩效必然会表现出一定的差异性，而由于"短板效应"的存在，加之环境污染较强的溢出性，部分地区环境污染的加重必然会负面影响整体环境质量的改善。所以，研究环境规制绩效的区域差异，深入探究其中的影响因素，并在此基础上提出进一步协调和改善区域环境规制绩效的政策建议，实现经济和环境的"双赢"，不仅是必要的，也是重要的。

本书的研究内容主要有四点：第一，政府环境规制对环境质量的作用机理。本部分主要从以下两个方面展开分析：一方面，分析环境规制如何通过影响市场主体（消费者、生产者和政府）的行为来影响环境质量；另一方面，分析环境规制如何通过影响区域协调来影响环境质量。第二，中国环境规制绩效区域差异的典型化事实。本部分将在阐述中国环境规制历程的基础上，从具体指标和综合指标两个方面对中国的环境规制绩效及其区域差异进行分析。第三，环境规制绩效区域差异的实证分析。本部分将把我国的 30 个省份（不包括西藏自治区和港澳台地区）分成东部、中部和西部三个区域，然后从三个方面来分析三大区域环境规制绩效的差异：一是借助环境库兹涅茨曲线来说明环境规制绩效的区域差异；二是分析环境规制对污染密集型产业影响的区域差异；三是分析环境规制对社会资本环境保护投入影响的区域差异。最后，通过面板数据计量模型实证分析影响环境规制绩效的相关因素，探寻导致环境规制绩效区域差异的原因，为随后提出的政策建议提供有力的实证支持。第四，区域环境规制绩效协调的政策建议。根据以上研究结论，提供改善和协调区域环境规制绩效、提高全国整体环境质量的切实可行的、高质量的政策建议。

本书是在笔者的博士论文和主持的国家社科基金项目的基础上完成的。由于笔者水平有限，有些问题思考得可能还不够成熟，真诚欢迎来自读者的任何评论、建议和意见交流！

臧传琴

2019 年 3 月于济南

目　录

第1章 导　　论

环境作为一种全球性的公共物品，在人类社会的发展中发挥着举足轻重的作用。一方面，环境为人类社会的发展提供了丰富的资源；另一方面，随着环境污染的加重，它反过来又制约了人类社会的可持续发展。因此，自20世纪70年代以来，国际社会开始对环境污染问题展开了大规模的政府干预，环境规制的力度不断增强，环境规制的方式方法和工具不断创新和丰富，环境规制绩效不断提高。中国是一个疆域大国，由于自然、历史、经济、社会等因素的影响，环境规制绩效在不同区域必然会表现出一定的差异性。本书将在已有研究的基础上，从中国环境规制的实践出发，重点分析环境规制绩效的区域差异，以及造成这一差异的原因，从而为协调环境规制绩效的区域差异，提高环境规制的整体绩效提供切实可行的、有效的政策建议。

1.1　研究背景及选题意义

1.1.1　研究背景

工业革命至今200多年以来，人类社会的经济发展突飞猛进，取得了巨大的成就。特别是第二次世界大战以后，又经历了以计算机技术、核技术、航空航天技术、海洋技术、生物技术、新能源和新材料技术等为标志的第三次科技革命，更是极大地促进了经济的快速发展，以美国、日本、西欧等为代表的西方主要资本主义国家和地区则在20世纪五六十年代进入了经济增长的黄金时期，并相继发展成为世界经济的三极。但是，经济的快速增长一方面给人类带来丰裕的物质享受的同时，另一方面，由于资源的大量消耗和浪费以及环境污染日益严重，经济发展的可持续性日益脆弱。实际上，自 20 世纪 30 年代开始，西方国家先后出现了诸如马斯河谷烟雾事件、美国多诺拉烟雾事件、洛杉矶光化学烟雾事件①等一系列重大环境事件，对人类的身体健康造成了严重伤害，以至于今天仍然令人心有余悸。随着环境污染日益严重，环境问题日益引起人们的广泛关注。1962 年，美国海洋生物学家蕾切尔·卡森（Rachel Carson）的著作——《寂静的春天》正式出版发行，书中描绘了一个人类可能即将面临的因为农药的大量使用而没有鸟类、蜜蜂和蝴蝶的世界。作为人类历史上比较早的一部宣传环境保护的著作，《寂静的春天》使人类社会流传几千年的、传统的"向大自然宣战""征服大自然"的基本意识和发展理念第一次受到了挑战。尽管卡逊因此受到了某些利益相关者空前的诋毁和抨击，但她所坚持的思想为人类环境意识的启蒙点燃了一盏明亮的灯，引发了人们对于环境问题的关注，开启了世界环境保护运动的大门。1972 年，罗马俱乐部《增长的极限——罗马俱乐部关于人类困境的报告》发表，该报告所阐述的观点震撼了全球。书中指出："如果在世界人口、工业化、污染、粮食生产和资源消耗方面按现在的趋势继续下去，这个行星上增长的极限有朝一日将在今后 100 年中发生。最可能的结果将是人口和工业生产力双方有相当突然的和不可控制的衰退"（Dennis L. Meadows et al.，1999）。尽管该报告关于人口增长和经济增长面临一个极限的观点受到了一些人的质疑，但它无疑在《寂静的春天》之后，再一次向人类传统的发展理念和粗放式发展模式敲响了警钟，再次提醒人们：资源是有限的，环境污染最终将会成为经济增长的瓶颈，并严重影响经济和人类社会的可持续发展。

随着人们环境意识的觉醒，环境保护问题被提到了各国政府面前，各种官方的或民间的环境保护组织纷纷成立，从而促使联合国于 1972 年 6 月 5 日在瑞典首都斯德哥尔摩召开了由 114 个国家参加的第一次

---

① 自 20 世纪 30 年代至 60 年代，先后发生了以下重大环境事件：比利时马斯河谷烟雾事件、美国多诺拉烟雾事件、美国洛杉矶光化学烟雾事件、伦敦烟雾事件、日本四日市哮喘病事件、日本熊本县水俣病事件、日本富山县神通川流域的骨痛病事件、日本爱知县一带米糠油事件，以上环境事件均造成了大量的人畜伤亡，被称为 20 世纪世界八大环境公害事件。

"人类环境大会"①，并由各国签署了"人类环境宣言"，世界环境保护事业正式开始。在此之后，各国政府纷纷开始加强了对环境的治理，环境规制不断强化。

中国政府的环境规制正式起步于20世纪70年代。1972年6月，中国政府派代表团参加了联合国第一次环境保护大会。通过这次大会，中国政府进一步认识到，保护环境，实现经济社会的可持续发展，是每一个国家共同的义务与责任。因此，1973年8月召开了新中国历史上第一次环境保护大会，通过了中国第一个环境保护文件——《关于保护和改善环境的若干规定》。自此，中国的环境保护工作逐渐展开，投入到环境保护事业中的人力、物力和财力不断增加，环境规制不断增强。

逐渐加强的政府环境规制在一定程度上抑制了污染物的大量排放，减缓了环境质量下滑的速率，使得倒U形环境库兹涅茨曲线（EKC）变得更加扁平。但是，毋庸讳言，环境规制并未充分实现其预期目标，中国的环境质量仍处于不断恶化之中。的确，改革开放40多年来，中国实现了年均近10%的经济增长，成为世界经济增长史上的奇迹，不仅大大增强了中国的经济实力，提高了中国在国际经济和政治舞台上的地位，使人民的物质生活水平得到了极大的提高，而且为推动世界经济的增长做出了积极的、不可磨灭的贡献。但是，值得注意的是，在取得经济的快速增长的同时，中国也付出了极大的环境代价。这些年来，中国国内生产总值（Gross Domestic Product，GDP）年均增长率是发达国家的2~3倍，但是单位产值的能源消耗却是发达国家的8~10倍，污染物排放则是发达国家的30倍。有关专家曾表示，由于巨大的环境成本，中国持续多年的快速经济增长将难以为继。

日益严重的环境污染使我们越来越感受到进一步加强污染治理的必要性和紧迫性。在环境规制过程中，一项非常重要的工作，就是要对环境规制绩效进行评价。环境规制绩效包括两个方面：一是环境规制效率，它主要是指政府环境规制的投入产出比，或者说对环境规制进行成本—收益分析。如果环境规制收益大于成本，即净收益大于零，则环境规制是有效率的；否则，环境规制是无效率的。二是环境规制效果，即

① 1972年召开的联合国人类环境大会被誉为人类环境保护史上的第一个里程碑，1992年联合国在巴西里约热内卢召开的环境与发展大会被誉为人类环境保护史上的第二个里程碑。

政府环境规制对污染物减排和环境质量的影响。如果环境规制使得污染物排放减少，环境质量得以改善，则环境规制是有效的；否则，环境规制是无效的。本书所研究的是后者，即环境规制对环境质量的影响。通过对环境规制绩效的测度，可以对已有的环境规制政策进行更加客观、科学的评价：如果环境质量得到了较好的改善，实现了环境规制的预期目标，则说明现行的环境政策是正确和有效的，则继续坚持之；如果环境质量并未得到明显改善，甚至趋于恶化，则说明现行的环境政策是低效甚至无效的，则需要寻找问题之所在，并进行相应的调整和改进，以确保实现环境规制目标，提高环境质量，促进经济增长与环境保护的"双赢"。

中国是一个大国，不论是从疆域、人口还是经济规模来看。不同地区受自然、历史、经济等因素的影响，在环境规制绩效方面也会表现出较大的区域差异性。因此，除了对环境规制绩效进行整体评价之外，还有必要对环境规制绩效的区域差异进行测度与分析，并深入探究相关影响因素，以进一步协调区域环境规制绩效，促进各地区环境和经济的协调发展，进而促进国家生态文明建设。自 2015 年起，"新旧动能转换"一词逐渐逐渐进入人们的视野，并成为各级政府关注的重要议题。新旧动能转换工程是在中国正在努力实现经济转型这一大背景下提出来的，它通过倡导社会各界积极进行技术创新、提高生产经营效率、促进产业结构优化升级等，已实现经济增长的高效化、优质化，从而实现经济社会的可持续发展。习近平总书记在党的十九大报告中提到："生态文明建设成效显著。大力度推进生态文明建设，全党全国贯彻绿色发展理念的自觉性和主动性显著增强，忽视生态环境保护的状况明显改变。生态文明制度体系加快形成，主体功能区制度逐步健全，国家公园体制试点积极推进。全面节约资源有效推进，能源资源消耗强度大幅下降。重大生态保护和修复工程进展顺利，森林覆盖率持续提高。生态环境治理明显加强，环境状况得到改善。引导应对气候变化国际合作，成为全球生态文明建设的重要参与者、贡献者、引领者。"党的十九大召开，再次将节能环保和生态文明建设提高到了一个新的、重要的历史高度，也在此体现了党和国家对生态文明建设的日益重视，必将会进一步推动中国的环境保护事业再上一个新的台阶。尽管中国已经为建设生态文明付出了很大努力，为世界生态保护做出了巨大贡献，成为世界生态文明建设的重要参与者甚至是引领者，但中国仍然要"像对待生命一样对待生态环境"，要"实行最严格的生态环境保护制度"。

1.1.2 选题意义

本书从区域差异的视角出发，将对环境规制的绩效进行深入、系统的研究。本书研究的学术价值在于：一是揭示环境规制对环境质量发生影响的作用机理及规律。分析环境规制绩效，有必要搞清楚政府规制通过何种渠道、如何作用于环境质量，这是下一步分析环境规制绩效的基础。二是探究环境规制绩效的区域差异及其影响因素。政府统一实行环境规制，但在不同地区会有不同的效果。因此，我们有必要根据实践发展以及相关经验数据，客观分析环境规制绩效的区域差异，并探寻其影响因素。以上两个方面均是对已有理论研究的丰富和发展。

本书研究的现实意义在于：一是为根据不同区域的不同情况实行差异化的环境政策、调节区域间环境规制强度提供理论支持。中国作为一个大国，各地区在历史、地理、人文等方面会表现出较大的差异，因此政府在进行环境规制时，不能实行"一刀切"的规制政策，而应因地制宜，视不同地区的实际情况实行差异化的环境政策，以促进地区间的协调发展。二是为进一步协调区域间环境规制绩效，尽量避免落后地区重复发达地区曾经的"先污染、后治理"的发展路径，从整体上提高我国环境质量，从而促进生态文明建设提供决策依据和政策建议。

1.2 相关概念界定

1.2.1 规制

"规制"一词来自英文 regulation，regulation 在学界通常被译成"管制"或者"规制"。例如，在《新帕尔格雷夫经济学大辞典》中，regulation 就被译为"管制"；也有一些学者更倾向于使用"规制"。而在实际部门，习惯使用"规制"，如金融规制、电力规制、公用事业规制等。需要指出的是，无论是"管制"，还是"规制"，它们在本质上都是一致的。在本书中，统一使用"规制"这个词。

针对规制的界定，不同的学者给予了不同的解释。《新帕尔格雷夫经济学大辞典》对规制有两种解释：一种解释是指国家出于稳定国民经济的目的进行干预。按照英国经济学家凯恩斯（Keynes）的观点，市场并非是完美的，"市场失灵"时常存在。政府为了保证国民经济的健康稳定运行，应当采取一些必要的政策措施，如财政政策或货币政策来对宏观经济进行适当干预。① 另一种解释是指政府为了尽可能抑制企业和消费者等市场主体为了自身利益最大化而做出一些有损他人和社会公共利益的行为，通过制定一系列规章制度对市场主体的行为进行必要的规范。维斯库斯（Viscusi）等学者认为，规制是政府借助于其所拥有一种特有的资源——强制力，对市场主体"损人利己"的行为进行强制性地压制和处罚，以此维护健康有序的市场秩序，实现社会福利的增进。② 丹尼尔·F. 史普博（Daniel F. Spulber）则认为，规制是行政机构制定并执行的直接干预市场机制或间接改变企业和消费者供需决策的一般规则或特殊行为。③ 而日本学者植草益对规制所下的定义是：社会公共机构依照一定的规则对企业的活动进行限制的行为。这里的社会公共机构或行政机关一般被简称为政府。④

国内学者对规制的定义与上述定义大同小异。在此，本书借用王俊豪教授对规制的界定：具有法律地位的、相对独立的规制者（机构），依照一定的法规对被规制者（主要是企业）所采取的一系列行政管理与监督行为。

1.2.2　社会性规制

社会性规制（social regulation），也称"社会管制"，是和经济性规

<hr>

① 新帕尔格雷夫经济学大辞典：第四卷［M］. 中译本. 北京：经济科学出版社，1996：134.

② Viscusi W. K., J. M. Vernon, J. E. Harrington, Jr., Economics of Regulation and Antitrust, Cambridge：The MIT Press, 2005. p375.

③ 丹尼尔·F. 史普博. 管制与市场［M］. 余晖，等，译. 上海：上海三联书店和上海人民出版社，1999：45.

④ 植草益. 微观规制经济学［M］. 朱绍文，等，译. 北京：中国发展出版社，1992：1-2.

制相对应的一种规制。随着社会经济的发展，政府对经济主体的规制不仅停留在对市场竞争的规制上，为了保障国民生命财产的安全、健康的保护和增进社会福利，逐渐转向了对经济主体活动产品本身上。

社会性规制是政府为控制（负）外部性和可能会影响人身安全健康的风险，而采取的行动和设计的措施，其最终目标是保持人们的健康，提高人们的寿命质量和水平。正如日本经济学家植草益所言："社会性规制是以确保国民生命安全、防止灾害、防止公害和保护环境为目的的规制。"包括对制药业、工作安全、产业安全、污染的排放控制、就业机会、教育等的规制，集中表现为外部不经济和内部不经济两种市场失灵的规制上。针对外部不经济，规制内容主要有：产权规制、生态环境保护的规制和自然资源合理利用的规制。针对内部不经济，规制内容主要有：产品质量规制和工作场所安全规制。为此，社会性规制的日常工作要关注如下一些规制的直接目标：保护自然环境、保护合理竞争、保护劣势信息方权益、提高社会安全度和健康水平、保护消费者利益，提高正外部性的社会效应。

社会性规制的特性决定了它的规制方式主要是直接规制，但是也有相对程度的间接规制。政府规制机构往往采用以下方式进行社会性规制：禁止特定行为对营业活动进行限制、执业资格制度、标准认证制度、信息公开制度、收费补偿制度等。其中前三种制度形式被认为是基本的规制方式，后三种制度形式是前三种制度形式的补充和具体化。

1.2.3　环境规制

环境规制是社会性规制的一项重要内容。根据规制的内容不同，可以将规制划分为经济性规制和社会性规制。经济性规制，也称"行业特别规制"（sector-specific regulation/industry-specific regulation，以下简称行业规制），是指在自然垄断和存在信息不对称的领域，为了防止资源配置的低效率以及保证社会公平，由政府机构根据相关法律法规，对企业的进入和退出、价格、服务的数量和质量等加以规范和制约。社会性规制，是指为了保障人们的安全、健康，提高环境质量，由政府对劳动场所的安全、产品质量、生产者行为和消费者行为等制定一定的规范和标准，并禁止、限制特定行为的规制。① 社会性规制偏重于处理行为主体的活动，包括那些可能给消费者、生产者和社会带来不健康或不安全的问题。作为社会性规制的重要内容，环境规制是指政府通过立法、司法、执法等活动，通过一系列法律法规和方针政策的制定和执行，减少污染物排放，保护环境，努力实现经济增长与环境保护"双赢"的过程。在环境规制实施过程中，西方国家的环境规制方式逐渐由命令—控制型环境规制转向基于市场的激励型环境规制以及自愿性环境规制，环境规制工具逐渐由数量控制和技术控制转向税费规制和可交易排污许可证规制等，环境规制的绩效逐渐提高。目前，西方主要发达国家已经跨过了倒 U 形环境库兹涅茨曲线（environment kuznets curve，EKC）② 的拐点，处于经济增长与环境"双赢"的阶段，即随着经济的增长，环境质量不断改善，经济增长与环境保护实现了良性互动。

1.2.4　环境规制绩效

环境规制绩效是指环境规制所取得的成绩和效果，一般可以用环境规制效率或环境规制效果来衡量。环境规制效率最一般的分析方法是成本—收益分析法，即通过比较环境规制的投入和产出关系来衡量环境规制绩效。如果成本大于收益，则认为环境规制是低效甚至是无效的；如果收益大于成本，则认为环境规制是有效的。但是，由于环境问题关乎人类社会的长期可持续发展问题，因此成本—收益分析的结果并不是决定是否进行环境规制的充分条件。事实上，相当比重的环境规制政策并未通过成本—收益分析。环境规制效果是指环境规制对能源结构、产业结构、消费结构、污染物排放等经济指标的影响。如果环境规制有效地改善了能源结构、产业结构和消费结构等，减少了污染物的排放，则认

① 植草益. 微观规制经济学 [M]. 朱绍文，等，译. 北京：中国发展出版社，1992：27 –28.
② 1991 年美国经济学家格罗斯曼和克鲁格（Grossman & Krueger）针对北美自由贸易区谈判中，美国人担心自由贸易恶化墨西哥环境并影响美国本土环境的问题，首次实证研究了环境质量与人均收入之间的关系，指出了污染与人均收入间的关系为"污染在低收入水平上随人均 GDP 增加而上升，高收入水平上随 GDP 增长而下降"。1992 年世界银行的《世界发展报告》以"发展与环境"为主题，扩大了环境质量与收入关系研究的影响。1993 年帕纳约托（Panayotou）借用 1955 年库兹涅茨界定的人均收入与收入不均等之间的倒 U 形曲线，首次将这种环境质量与人均收入间的关系称为环境库兹涅茨曲线。

为环境规制是有效的，否则环境规制是无效的。本书主要利用环境规制效果来衡量环境规制绩效。

1.2.5　环境规制绩效区域差异

环境规制绩效区域差异是指环境规制绩效在不同区域的不同表现。受历史、地理、经济等因素的影响，环境规制绩效必然会表现出一定的区域差异性，特别是在一个疆域、人口和经济规模很大的国家内更是如此。而环境行为具有很强的外部效应（环境保护行为具有正的外部效应，环境污染行为具有负的外部效应），单纯某个或某几个区域环境质量的改善并不能带来全国环境质量的整体提高，而少数区域环境恶化产生的"短板效应"则会导致全国环境质量的下降。因此，有必要对环境规制绩效的区域差异及其影响因素进行详细的分析，从而进一步协调和优化区域环境规制绩效，提升国家的整体环境质量。

1.3　研究内容和方法

1.3.1　研究内容

本书的研究内容主要包括七部分，具体如下：

第1章是导论。本章将在说明本书研究的背景与意义的基础上，重点揭示研究的现实意义。接下来，介绍本书的研究内容、研究思路与研究方法。最后，阐述本书的主要创新点。

第2章是文献综述。本章将阐述国内外学者对环境规制绩效区域差异问题的相关研究，并对已有研究进行简要地客观评价，分析已有研究的理论贡献及其存在的缺憾，旨在通过对既有历史文献的归纳和分析，说明本书研究的理论意义，从而说明本研究的学术价值。

第3章是环境规制影响环境质量的作用机理。本章将从理论阐释和实证检验两个方面分别探讨和分析环境规制对环境质量影响机理：一是环境规制通过影响市场主体的行为进而对环境质量产生影响；环境规制通过对消费者产生收入分配效应进而影响其消费数量和消费结构，使其消费趋于"绿化"；环境规制通过引导生产者进行技术创新、调整生产结构进而实现产业结构的优化升级和生产方式的清洁化；环境规制有利于提高全社会的环境保护意识，这反过来又会对政府环境规制提出更高的要求，从而强化了环境规制效应。二是环境规制会通过影响区域协调发展进而影响环境质量。环境规制通过促进资金、技术、人才等资源的区域间流动、建立跨区域环境协调治理机制、实行差异化环境规制政策等促进区域间环境规制绩效的协调，进而提升整体环境质量。

第4章是中国环境规制绩效区域差异的典型化事实。本章将首先从中国环境规制的历程和中国环境规制存在的问题两个方面简要介绍中国环境规制的沿革，让读者对中国的环境规制状况有一个基本的了解。然后，在对环境规制绩效（ERP）进行测度的基础上，重点从两个维度描述中国环境规制绩效的区域差异的事实：一是基于综合指标的环境规制绩效的区域差异；二是基于具体指标（废水、废气和固体废物）的环境规制绩效的区域差异。

第5章是环境规制绩效区域差异的实证分析。本章将利用中国2000～2016年的面板数据，从三个方面实证分析中国环境规制绩效的区域差异：环境规制对环境库兹涅茨曲线（EKC）影响的区域差异、环境规制对污染密集型产业影响的区域差异、环境规制对社会资本的环境保护投入影响的区域差异。

第6章是环境规制绩效区域差异的影响因素及其稳健性检验。分析了环境规制绩效的区域差异的表现之后，有必要从深层次探析环境规制绩效区域差异的影响因素，并进行相应的稳健性检验。因此，本章将对影响环境规制绩效的相关因素，如经济发展水平、产业结构、能源结构、外商直接投资水平（FDI）、环境规制强度等因素进行检验，从而为随后提出的政策建议提供有力的实证支持。

第7章是结论及对策建议。科学研究的最终目的是解决现实问题。因此，在对环境规制绩效的区域差异进行历史分析和实证讨论的基础上，本章将有针对性地提出有关协调区域环境规制政策、提高环境规制绩效，从而促进区域协调发展，进而提高我国整体环境质量，实现经济与环境的"双赢"的富有建设性的、切实可行的政策建议。

具体研究技术路线如图1-1所示。

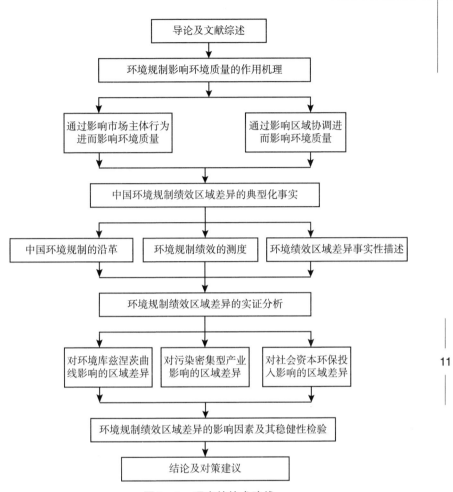

图1-1 研究的技术路线

1.3.2 研究方法

以科学发展观、系统论和环境规制的相关法律、法规为方法论指导，采取实际调查、理论研究、实证分析、实验示范四位一体的综合方法，进行系统的研究，如图1-2所示。

（1）理论研究。借鉴博弈论、规制经济学、制度经济学、公共选择理论等主要理论工具，力图建立一个解释我国环境规制绩效区域差异的理论框架，探寻不同地区环境规制绩效差异背后的深层次原因。

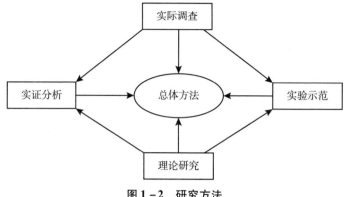

图 1 - 2　研究方法

（2）实际调查。为了确保样本的代表性，我们采用多阶段分层抽样（multistage sampling）方法，通过问卷、网络、电话和实地调研等方法分别选取东部、中部和西部各 3 ~ 5 个省份进行调研，切实了解不同地区环境规制绩效的差异及其原因。

（3）实证研究。运用多元线性回归方法（DEMATEL）和面板数据模型，实证检验环境规制绩效的区域差异及其影响因素，从而为提出更具针对性的、高效可行的政策建议奠定基础。

（4）实验示范。在研究过程中，为了使问题阐释得更加清楚，本书将以某个省份为例，选取该省份的相关数据进行示范分析。

1.4　创 新 之 处

（1）研究内容的创新。本书将深入探寻政府环境规制影响环境质量的作用机理。已有研究大多围绕环境规制的必要性、环境规制方式和工具，环境规制绩效等进行研究，但少有关于环境规制对环境质量作用机理的研究，而把握了其中的作用机理便于我们更清楚地发现环境规制绩效出现差异的原因，对于采取更具针对性的、更有效的对策措施无疑具有重要意义，本书欲在此方面做一个尝试。本书将从消费者、生产者和政府三个维度阐述环境规制对环境质量发生影响的具体作用机理。

（2）研究视角的创新。与以往文献多对全国整体的环境规制绩效分析不同,本书将从区域差异的角度研究环境规制绩效问题。环境是公共物品,环境保护或环境污染具有明显的外部性,提高环境质量需要各地区协调合作,揭示环境规制绩效的区域差异及其影响因素可以为实现可持续的区域协调发展新格局提供相应的理论依据和实证支持。

第 2 章 文 献 综 述

分析已有相关研究文献，是进行学术研究的前提和基础。通过阐述相关文献，可以了解该领域学者们的研究脉络及研究前沿，从而为进一步的深入研究奠定基础。同时，通过对既有文献的述评，也可以探寻其中的不足，或有待于进一步深入研究的内容和空间，从而说明本研究的理论价值和意义。因此，本章将对国内外学者关于政府环境规制绩效评价相关研究进行梳理并简要评价，在此基础上说明本研究的必要性。

2.1 关于环境规制绩效评价
必要性的研究

在环境方面，市场是"失灵"的，其原因主要有两个：

（1）环境是典型的公共物品。所谓公共物品，是指既没有排他性又没有竞争性的物品。环境作为公共物品的特性主要表现在：人人都可以利用环境，从环境中获取各种资源，没有人可以因为自己利用环境而将别人排除在外；每一个人不会因为自己对环境的使用而减少别人对环境的使用。

（2）影响环境质量的行为具有明显的外部性。一是环境污染具有负的外部性，即市场主体在从事环境污染行为时，其边际私人成本远小于边际社会成本。因此，如果对环境污染行为不加以制约，环境污染会日趋严重，环境质量会日益下降。二是环境保护有正的外部性，即当市场主体采取某些措施保护环境时，其边际私人收益远远小于边际社会收益。因此，对于环境保护行为如果不加以鼓励，必然会存在

"搭便车"行为，市场主体的环境保护激励必将会逐渐趋于弱化以至消失，最终会导致环境质量日趋恶化。因此，在改善环境质量方面，市场是"失灵"的。

面对"市场失灵"，政府规制（或称政府干预）就成为一种必然，即需要借助于政府的力量，通过制定相应的法律法规来明确各市场主体的权利和义务，规范市场主体的行为，并借助于政府的强制力来保证规章制度的贯彻落实，以此来矫正"市场失灵"和弥补"市场缺陷"。值得注意的是，"市场失灵"只是实施政府规制的必要条件而非充分条件。具体而言，只有存在"市场失灵"的领域，才有必要实施政府规制，但并非所有存在"市场失灵"的领域都需要实施政府规制。一般地，只有当政府规制效果优于市场调节效果，政府规制净收益大于零时，实施政府规制才是必要的，否则，政府不应当进行规制。

不过，有一个问题值得注意：政府规制都是有效的吗？政府规制一定会增进社会福利吗？

传统经济学认为，政府规制的目标是通过弥补"市场失灵"，从而实现社会公众的利益最大化，这就是政府规制的公共利益理论（public interest theory）的核心观点。公共利益理论假设：政府是完全理性和无私的，其自身行动和政策的终极目标是实现公众利益最大化；政府可以获得完全充分的信息，并且具有精准的计算能力，能够准确计算出市场供求的均衡量，并代表社会公众实施规制，实施结果将会满足帕累托最优原则，最大限度地增进社会福利。因此，公共利益理论在"市场失灵""政府是无私的、无所不能的、无所不知的""规制有效率"三个假设之下，认为政府应公众要求参与纠正市场无效率和不公正的行为是合理的和有效率的。

但是，20 世纪 70 年代之后，一些学者对规制的公共利益理论提出了严厉批评，认为政府规制并不必然都是公正和高效的，从而对政府规制绩效进行评价是必然的。具体原因如下。

（1）政府规制的前提是虚妄的。如前所述，公共利益理论假设：政府是慈善的，代表全民利益对国民经济进行规制，以期实现社会福利的最大化；政府是无所不能的，可以以与市场机制相媲美的精准的方式方法调节市场供求，实现资源配置的帕累托最优。事实上，这种假定过于理想化，与现实相去甚远，甚至与现实相悖。不仅如此，维斯库斯（W. Kip Viscusi）进一步指出，政府规制像一个"黑箱"，人们只是假定政府是追求社会潜在净福利的，但政府对社会潜在净福利的追求是如何展开的，却无人知晓，也无法检验。① 因此，规制的效果是不确定的，也可能并不像人们期待得那样好。公共选择学派认为，政府官员也是"经济人"，在经济活动中面临若干不同的选择机会时，总是倾向于选择能给自己带来更大经济利益的那种机会。人们在需要作出经济决策和政治决策时的反应，在本质上是一致的，总是趋利避害的。人们在进行政治活动时，也是以个人的成本—收益计算为基础的，没有理由认为个别公民在选票箱前的行为与个别消费者在市场中的行为有本质的区别。在其他条件相同时，他总是愿意投票给预计将给他带来更大收益的政治家，而不愿投票给有可能给他带来较小利益甚至带来损害的政治家。同时，人们也不会因为他占有一个总经理的位置或拥有一个部长头衔，就认为其人性会发生变化。不管人们是在私营企业工作，还是在政府机构服务，只要有可能，便会选择能为自己带来更大的满足（物质上的或纯粹心理上的，如权利、威望、职业成就等）的决策，而不管该决策是否符合公众利益（臧传琴，2007）。

（2）信息不对称。任何一种行为要达到预期目标，必须拥有必要的、尽可能充分的信息。否则，决策者可能会作出低效的甚至是无效的决策，结果可能会事倍功半，甚至南辕北辙。但事实上，政府规制活动往往受到严重的信息约束。欧文和布罗伊蒂加姆（Owen & Braeutigam，1978）详尽解释了被规制者是如何隐瞒和操纵信息的：一是故意扭曲信息，向规制机构提供不准确的信息，通过刻意准备的虚假材料将规制机构引向自己希望的方向；二是隐报、瞒报信息，限制流向规制机构的信息，使规制机构不能充分了解事实的全部真相；三是过分夸大信息，向规制机构提供过多的大量信息，使其难以甄别真伪，从而影响判断的准确性；四是通过一定的技术手段，向规制机构提供反向信息，误导规制机构。拜伦和迈尔森（Baron & Myerson，1982）研究发现，信息租金与效率是一对不可兼得而又密不可分的矛盾，即我们在获得效率的同时，必须要留给被规制者一定的信息租

---

① 转引自张庆霖，苏启林. 政府规制失灵：原因与治理［J］. 经济学动态，2009（4）：38－41.

金，而信息租金的存在会增加社会成本，这也可以说是我们在实现效率目标的同时必须付出的代价。所以，政府规制机构所能做的就是，要么努力搜索信息，要么鼓励被规制者主动披露信息，如何取舍，取决于哪种方式的效率更高。纳尔逊和温特（Nelson & Winter，1982）的研究也发现，由于信息不对称，政府在自然垄断领域的规制成本被提高，规制效果大打折扣。

（3）"规制俘虏（regulatory capture）"的存在。阿顿（1986）认为，公共利益理论以"市场失灵"和福利经济学为基础是极其狭隘的，进而提出了与之相对的次优理论，以从根本上批驳公共利益理论。次优理论的关键是：在某些重要部门（如自然垄断或提供公共产品的部门）中，如果竞争受到垄断势力的干扰而不能充分展开，政府可能会制定一些反垄断政策以确保竞争得以运行，但这些反垄断政策可能并不能保证促进竞争意图的实现，资源配置不一定能达到帕累托最优。斯蒂格勒（Stigler G. J）在 1971 年发表的《经济规制论》一文中提出，规制的产生并不是出于满足公共需要和提高社会福利的目的，而是政府和产业合谋的结果。产业为了自己的利益，动用各种资源和力量向政府寻租，确保政府的规制政策能够实现产业的最大利益。同时，政府某些部门或某些官员的私利也得到了保障，而社会公众的利益却可能会受到损害。斯蒂格勒通过对 1912～1937 年美国电力产业价格规制的研究结果表明，政府规制并没有明显降低电力产业价格，并未实现公共利益理论所宣称的规制将会大大降低价格的效果。正如佩尔兹曼（Peltzman，1976）所言，在规制实施过程中，无论规制者是否从中获利，被规制产业的产量、价格和服务等并没有多大变化，只不过是利益在不同利益集团之间的重新分配而已。伯恩施坦（Eduard Bernstein，1995）的"规制机构生命周期理论"更是认为，公共利益理论是非常天真的，规制机构的初衷可能是好的，最初也可能独立行使其规制权力，但之后也会逐渐被规制产业所俘虏，甚至成为被规制产业的代言人。一般地，政府官员除却会受到政治多元化的影响外，还会受到民众及企业的控制。其中，后一种控制形式主要是民众和企业（特别是企业）借助于资金、人际关系等各种资源向政府官员施加压力或收买政府官员，最终获得对自己有利的政策支持（Lind-blom，1977）。维塞乌西等（Viseusi et al.，2000）则一针见血地指出，政府之所以提供规制供给，是为了满足相关行业的需求；退一步讲，即使规制供给开始时是由政府主动提供的，但是随着时间推移，规制机构也会逐渐被某个或某些行业所"俘虏"。从一定程度上讲，谋求公共利益只是政府规制的名义目标，而实际上，规制是政府将公共收入暗中转移给了特殊利益集团①的一种方式（Posner，1971）。当然，规制者在选择为之服务的利益集团时，根本的依据是该受益集团能为自己提供最大化的政治支持（Peltzman，1976）。

随着"规制俘虏"理论研究的深化，寻租理论相应产生。寻租理论将政府规制过程分为两个方面：寻租和创租。寻租指的是利益集团通过各种人脉关系游说或者直接向政治家或规制机构行贿，以谋求对自己有利的规制政策（周耀东，2007）。创租则是指政治家或规制机构为了自身的政治或经济利益，主动进行规制，抽取租金，或者当遇到一个竞争性利益集团"出价"更高时，政治家或规制机构有激励改变决策，即撤销对原有利益集团有利的决策，或者作出不利于原利益集团而有利于新竞争者的决策，以谋求更多的经济利益或政治支持。很多情况下，政府规制不是促进了市场竞争，反而抑制了市场竞争。陈咸奖（2008）以进入规制和利率规制为例，以图示的方式详尽分析了租金的产生，认为政府规制的存在虽然不会必然导致腐败，但它却在三个层面上有助于腐败发生：一是政府对市场的干预产生了大量租金，从而给予利益集团行贿或游说政府官员的激励；二是对腐败行为的惩罚力度过小，使腐败成本远远小于腐败收益，助长了官员的机会主义行为；三是规制者自由裁量权过大，给予了其较大的腐败空间。因此，有必要在确保规制的透明度和规范性的基础上，尽量减少规制，并加大对政府官员腐败行为的惩治力度，增强法律的威慑力。

（4）规制效率扭曲。政府规制对效率的扭曲作用主要表现在两个方面：一是政府规制成本大于规制收益，政府规制本身无效率。政府规制的目标在于：促进市场竞争、保护环境、保障工作场所安全、保证产品质量等，这也可以说是政府规制的收益。但是，在实现这些收益的过程中，政府规制也会发生成本，包括规制人员的工资、规制机构的办公费用、规制政策制定和执行过程中发生的费用，以及被规制对象在执行政府规制政策过程中发生的服从成本，等等。经验证明，政府干预的收

---

① 利益集团一般包括三类：代表生产者利益的市场上现有企业集团、代表潜在进入者利益的企业集团、消费者利益集团。

益似乎是一个无法企及的、虚幻的目标，但成本却真实发生了，并且规制的成本远大于收益，即存在"规制失灵"。以美国为例，不包括各州政府用于规制机构的经费支出，仅从联邦政府来看，用于规制机构的经费预算大约在 250 亿美元左右，企业因规制而额外增加的成本在 7000 亿美元左右，二者之和甚至大于规制收益（Blundell & Robinson，2000）。二是政府规制引起经济运行效率的扭曲。以环境规制为例：政府实施环境规制的初衷在于提高环境质量，但同时也会增加企业成本，负面影响企业的竞争力，这主要表现在两个方面：一方面，政府规制会造成"挤出效应"，即企业为了满足政府的规制要求，不得不增加治污支出，引进更先进的治污设施或技术，在企业没有额外充裕资金的情况下，就会相应减少在其他项目的投资，甚至不得不减少必要的生产经营投入，使得生产经营的规模缩减，从而造成环境规制对经济投入的"挤出效应"。另一方面，政府环境规制会加大企业的生产经营难度。政府环境规制相当于给企业生产增加了新的约束条件，给企业生产、管理、销售带来新的困难。丹尼森（Denison，1981）研究了美国 1972～1975 年生产率的变化情况，发现环境规制政策导致美国生产率下降了 16%。另外，如果政府规章制度设计不科学，不能对被规制对象形成有效激励，则会造成被规制者的逆向选择行为。如在对自然垄断企业实施价格规制过程中，公正报酬率规制（rate of return regulation）会产生 A - J 效应[①]，即政府确定的资本回报率规制使企业更多地用资本替代劳动，造成过度的资本投入，扭曲了资源配置效率。马（Ma，2008）证明，政府规制是造成企业过度投资和产能过剩的罪魁祸首。艾瑞（Arrowet et al.，1996）的研究发现，由于第二次世界大战后美国规制机构的膨胀和规制过多过滥，到 20 世纪 70 年代，美国联邦规制机构平均每年发布规章 7000 多件，规制成本平均为 6400 多亿美元，造成了市场扭曲和低效率。

19

---

① 所谓 A - J 效应，是指管制机构采用客观合理收益定价模型对企业进行价格管制时，由于允许的收益直接随着资本的变化而变化，而导致被管制企业将倾向于使用过度的资本来替代劳动等其他要素的投入，导致产出是在缺乏效率的高成本下生产出来的。

2.2　关于环境规制绩效评价主体的研究

2.2.1　关于西方主要国家和地区规制绩效评价主体的介绍

要进行环境规制影响评价，首先必须要明确评价的主体。最早进行政府规制影响评价的是美国、英国等西方发达国家，因此，学者们就这些国家和地区的规制评价主体进行了较为详尽的介绍。

席涛（2007）总结了美国、欧盟和经合组织规制改革的实践，认为建立中央层面的规制审查与协调机构，可以避免规制冲突和重复，避免规制者被利益集团（被规制者）俘获，保证规章条例的质量，提高规制绩效。譬如，美国在白宫办公厅建立的行政管理和预算办公室（office of management and budget，OMB）和信息和规制事务办公室（office of information and regulatory affairs，OIRA），专门从事审查与协调规制机构的规章和规制行为。OIRA 主要从两个方面审查行政机构提交的规制方案：一是程序性审核；二是实质性审核。程序性审核包括：该规制方案的提出是否得到了国会授权；该规制方案是否严格遵守相关法律法规的要求；该规制方案是否遵从政府倡导的行政理念——效率。实质性审核包括：如果所提交的规章草案比较重要，那么它必须详细说明如何解决成本、经费等一些具体问题，如州政府、地方政府在执行该规章时经费问题如何解决？政府如何减少因为该规章的执行而给中小企业带来的额外成本的增加？如何减轻企业执行规章过程中因繁杂程序所带来的大量的精力和时间的负担？更为重要的是，所有重要的规制方案的提出，都必须附有详尽的成本—收益分析报告，只有当预期收益大于预期成本时，实质性审核才可能通过（宇燕、席涛，2003）。

英国的环境规制影响评价主体与美国大同小异。自 20 世纪 80 年代开始，英国率先在西方发达国家中开始了新一轮的私有化运动。为了减少给私人企业带来的成本负担，1985 年英国政府发布的白皮书承诺，规制部门在提出一项新的规制方案时，首先本部门必须进行严格审查和把关，并且要对可能会给企业带来的成本负担及其他影响进行详尽的分析，分析报告再交由企业和放松规制小组（EDU）进行二次检查，而EDU 小组会根据程序规定定期核查规制部门提供的企业服从成本分析报告，作出结论分析报告，并及时向起始规制机构反馈信息，若有需要，会要求规制机构对规章做出调整或修改，必要时甚至会否决原规章。在 20 世纪 80 年代，审核和提高规制质量的职责转移至英国贸工部（DIT），贸工部不负众望，大刀阔斧的改革以及严格而精细的工作保障了规制质量的提高。1992 年，为了使规制评价更加专业化，英国再次调整了规制机构，在内阁办公室中心小组的协调下成立了 7 个规制影响特别小组（RIU），每个特别小组分别负责某个具体领域的政府规制绩效的评价，其成员也是根据特定的主题划分（如国有企业、私人企业等）进行配备。如此一来，评价结论更趋客观和专业化，进一步增强了政府规制绩效评价在公众中的信服力和影响力。1996 年，英国在规制影响评价方法的改革上取得了重大突破，不仅考虑规制成本，而且明确和系统地考虑了规制收益，即开始进行规范的成本—收益分析。确切地说，完整和全面的规制影响评价（RIA）是从 1998 年正式开始的，还是由上述的规制影响小组（RIU）主要负责规制质量的提高。除此以外，要求每个部门内部再设置一个部门规制影响小组（DRIU），该小组的主要职责是指导本部门政府官员起草规制影响评价（RIA）报告。不过，不同于其他国家的规制影响评价体制，英国一个特殊和创新的地方是，每年都要随机抽取一组 RIA 样本，交由独立机构——英国国家审计署进行评价，并提出改进的意见。这不仅在欧盟，在世界上也是比较罕见的（肖兴志、何能杰，2006）。

欧盟和经合组织建议成员国政府，建立中央层面的规制审查与协调机构，尤其是建立接近总统、首相、总理（因各个国家政治体制不同，总统、首相和总理权限有所不同）的集中审查和协调的机构。这样做的目的，是为了加强和集中中央行政的权力，实际上是加强了"规制规制者"（席涛，2007）。

2.2.2　关于规制绩效评价主体的结构问题

关于规制绩效评价主体多元化的问题，学者们基本达成了共识。彭国甫（2004）教授认为，政府规制绩效评价主体应包括外部评价主体和内部评价主体两个层次。其中，外部评价主体体系由政府规制机构以外的评价主体构成，主要包括：国家权力机关评价、政党评价和社会评价。在中国，人民代表大会是国家权力机关，各级政府由各级人民代表大会选举产生，并对人民代表大会负责。因此，各级人民代表大会是对各级政府绩效评价的权威机构。政党评价是由各民主党派对执政党进行的政府绩效评价，这对执政党有效执政具有重要的监督和督促作用。社会评价包括公民个人、社会团体和媒体舆论机构等通过一定的途径和程序，采取正式或非正式、直接或间接等方式和途径对政府机构绩效评价。内部评价主体体系是指政府机构自身作为评价主体所构成的评价主体体系，主要包括政府机构内部自下而上的评价和自上而下的评价、政府平行机构之间的相互评价、审计或人事部门的专门评价等。在对政府绩效进行评价的过程中，外部评价体系和内部评价体系要相互协调和配合，避免各评价主体之间的摩擦和冲突，形成一个结构合理、功能互补、高效的政府绩效评价主体体系。

关于公众在政府绩效评价中的地位问题，部分学者认为公众的评价应该是最值得关注的。理由主要有二：一是由于公众是政府服务的对象，关于政府服务的质量和效果，社会公众有着最直接和切身的感受，因此也最有发言权。因此，政府绩效评价应以社会公众为本位（彭国甫，2004）。二是社会公众作为政府绩效评价主体，是对传统政府机构自我评价方式的有益补充。传统的政府绩效评价主要由政府体系自身来完成，借助于自上而下的总结评比等方式，上级部门对下级部门进行评价，这种评价方式往往更多流于形式，不论是上级部门还是下级部门并没有引起足够的重视，有效性较差。而由政府服务对象——社会公众对政府绩效进行评价，评价结论会更加客观、公正，更有利于政府机构改善服务态度、提高服务质量（邓琼，2005）。但是，也有学者认为公众并非政府绩效评价的最科学依据。公众参与政府绩效评价虽然是国家日益民主化和法制化的重要表现，但目前中国在实行这一方式的过程中，存在着很多问题。譬如：政府并未提供足够的信息供公民做出准确的判断；评价指标设计过于笼统，不够具体，使评价结果有着较大的弹性；政府并未设立信息回应和反馈机制，使评价很大程度上流于形式，挫伤了公众对政府的信任（王锡锌，2007）。另外，虽然公众参与政府绩效评价有助于改善政府和民众的关系，督促政府提高工作质量和服务水平，但信息的匮乏和认知的偏好决定了公众作为评价主体并不是万能的，因此如果要求公众对所有政府机构的绩效进行判断评价，结果可能不够客观和公正。因此，在对政府绩效进行评价时，应选择部分公众——相关机构的服务对象对该机构绩效进行评价，以保证评价结论的真实性和客观性。吴小建（2007）则认为，受传统"权威崇拜"等传统意识的影响，中国公众的参政意识不强，再加上专业知识缺乏和某些政府机构的刻意排斥，公众参与政府绩效评价的效果并不理想。

非政府组织在政府绩效评价中发挥着不可替代的作用。包国宪和曹西安（2005）认为，由第三方组织实施的政府绩效评价优点主要有三：一是第三方独立于政府机构，与政府机构之间既无隶属关系，又无利益关系，能保证评价结论更加客观公正；二是相对于官方，由专业人士组成的第三方具有更高的专业理论和技术水平，评价结论更具有说服力；三是第三方更接近民众，其主导的调查研究更易为普通大众所接受和认同，同时也更有利于调动公众参政议政的积极主动性，从而有利于进一步推动我国的民主和法制化进程。除此以外，杨小森（2006）认为，第三方评价方式还具备另外两个优势：一是可以促进政府职能转换。在计划体制下，政府既承担了分内的职能，也承担了市场的职能。在向市场经济转化的过程中，第三方评价可以给政府以强大的外部压力，迫使其放弃那些本应由市场承担的职能，将有限的人力、财力和物力专注于"市场失灵"的领域，既有助于政府职能优化，又能更好地发挥市场的作用，可谓一举两得。二是第三方评价有利于促进公民社会的健康发展。第三方组织的成长壮大是公民社会健康发展的重要体现，发挥非政府组织在政府绩效评价中的作用，让社会公众参与社会事务的治理，是政府放权于社会的表现，是"善治"的重要举措。吴建南、岳妮（2007）通过模拟实验的方式，对不同评价主体和评价对象之间利益相关性的大小与评价结果的客观性之间的关系进行了分析，结果发现评价主体和评价对象之间的利益相关性越小，评价结果越客观。因此，最佳评价政府绩效的主体依次为第三方学术群体、社会公众、政府机构自身。

2.3 关于环境规制绩效
评价方法的研究

在对政府规制的讨论中，一个不容忽视的问题是，如何评价政府环境规制绩效？自 20 世纪 80 年代以来，规制理论研究的重心开始转向规制的成本—收益问题。理查德·A. 波斯纳（Richard A Posner，2000）、哈恩（Hahn，2002）、哈恩和孙斯坦（Hahn & Sunstein，2002）认为，在抑制垄断和促进竞争、保障工作场所安全和产品安全、提高环境质量的过程中，成本—收益分析是必要的，也是重要的。成本—收益分析的目的在于研究政府规制是否是有效率的，是否以低成本、高收益方式实现了预定目标，实现了对资源的合理配置。成本—收益分析将市场资源的配置原则引入了政府公共政策领域，使成本最小化和收益最大化成为制定公共政策的约束条件，并将治理市场失灵的成本和收益用市场方法进行比较和衡量，以此确定政府规制的必要性与效率。成本—收益分析方法既可以解释现有政策的效率，又可以预测未来的政策走势。芝加哥大学法学院孙斯坦（Sunstein，1996）在评价美国有关规制法律的改革时认为，在立法上引入规制的成本—收益分析可能从根本上改变美国政府制度。

成本—收益分析的意义是非常明显的：它能够帮助中央政府和立法机关监督规制者（Eric A. Posner，2001）。首先，成本—收益分析有助于解决"规制俘虏"问题和委托代理问题。根据斯蒂格勒（1971）的观点，规制机构会被相关利益集团俘获，从而使规制政策更加偏向于某些利益集团的利益，而不是以公众利益最大化为目标。而由于目标函数的不一致，作为代理人的规制机构有可能为了自身的利益而损害委托人的利益。而成本—收益分析制度则可以在一定程度上克服这一难题。其次，成本—收益分析有助于解决帕累托最优问题。要实现资源配置的帕累托最优，不仅需要完全竞争的市场，更需要充分的信息，而现实中这两个条件是不存在的。成本—收益分析则可以通过量化政府规制的成本和收益，核算社会福利的增进或损失。

由于中国政府规制绩效评价起步较晚，因此学者们对此问题的研究首先是从介绍西方发达国家的实践经验开始的。宇燕和席涛（2003）详尽而系统地阐述了美国政府从命令控制型规制向基于市场的激励型规制的演变过程，分别从三个方面介绍了美国政府规制绩效评价的成本—收益分析方法：一是相关的法律法规对成本—收益分析的规定；二是联邦行政机构对规制的成本—收益分析；三是独立政策研究机构对规制的成本—收益的分析。研究发现，美国的规制机构日益膨胀，规制程序日益复杂，规制支出不断增加，规制加重了占美国企业总数 91% 的小企业的负担。在此基础上，二位学者对在中国建立政府规制评价的成本—收益分析制度提出了政策建议。英国是经济合作与发展组织（OECD）成员国中最早系统的应用规制影响评价制度的国家，也是 OECD 成员方中政府规制质量较高、规制经验最成熟的国家之一。肖兴志与何能杰（2006）系统阐述了英国监管影响评价的产生和发展、组织体系、评价程序与原则，特别是详细介绍了英国的规制影响评价经验，并在确立规制影响评价的法律地位、考虑相关制度约束、扩大政府咨询等方面就建立和完善我国的规制影响评价制度提出了政策建议。刘研华和王宏志（2009）利用环境规制收益的成本弹性来分析中国的环境规制效率，结果发现 2001～2007 年，中国的环境规制效率是趋于下降的，自 2001 年的 1.5 下降到了 2007 年的 0.5 左右。究其原因，有环境规制法律体系不完备、环境标准体系不健全、监督体系不完善等表层原因，更有官员的"经济人"特征、环境规制行政管理体制不顺等深层次因素。因此，应从根本上改变现有的环境规制体制，建立健全相关环境规制法律法规、完善环境规制监督体系等。

很多发达国家的法律法规明确规定，在进行规制影响评价时，成本—收益分析法是必不可少的重要方法之一。但是，值得注意的是，成本—收益分析法并不适用于所有领域。一是成本—收益分析法对数据和技术的要求较高，如果缺乏足够的数据和必要的技术工具，科学的成本—收益分析很难完成。在使用成本—收益分析法对规制影响进行分析时，需要对规制的成本和收益进行计量，这里的成本和收益指的是社会总体的投入和产出。其中，规制成本既包括直接成本，也包括间接成本；既包括即时成本，也包括未来成本和机会成本；既包括经济成本，也包括环境成本；既包括规制机构的预算成本，也包括被规制对象的服从成本。而规制收益同样既包括经济收益，也包括环境收益；既包括现时收益，也包括未来收益；既包括直接收益，也包括间接受益；等等。规制成本和收益本身包括的内容就如此复杂，而进一步将其进行货币量化计算就更加困难，因为它不仅要求分析者要掌握大量的充分的数据，还要熟练运用相关的数据处理手段和技术。二是对于一些特殊领域，法律明确禁止使用成本—收益分析法，不管成本有多高，都要执行法定标准。比如在美国，减少污染物排放、提高空气质量以及对濒危野生动植物进行保护时，都不考虑成本—收益分析。事实上，专家的研究发现，美国有超过20%的规制方案没有通过成本—收益分析。现实中，一些与成本—收益分析法基本思想相同，但应用范围较窄，操作上更具有针对性的方法也经常应用于规制影响评价实践，这些方法包括：成本—效果分析法、DEA方法、经济影响分析法等。

政府规制涉及经济社会生活的方方面面，很多情况下规制的成本收益难以货币化计算。因此，在对规制影响进行量化分析和规范分析相结合评价的同时，还应注意综合运用计量经济学、统计学等不同学科的研究方法。总之，各国政府在进行规制影响分析时，应在借鉴他国先进经验的基础上，结合自己的国情，根据评价对象的不同，以及自己的数据搜集能力和技术水平，选择最为适合的规制评价方法（肖兴志、孙阳，2007）。

2.4 关于环境规制绩效评价指标的研究

学者们对环境规制绩效的研究一般集中在以下几个方面，相关的指标设计也因为研究视角的不同而有所差异。

（1）通过测度环境规制对于污染物排放的影响来分析环境规制绩效。马加特和维斯库斯（Magat & Viscusi，1990），拉普朗特和瑞斯坦（Laplante & Rilstone，1996）验证了环境规制是否对美国和加拿大的纸浆和纸制品企业的生物需氧量和固体悬浮物的排放有影响。前者的研究表明环境规制能够减少企业大约20%的排放量。后者的研究结果显示规制及其产生的威慑能够减少大约28%的污染排放量。这两项研究还发现，规制能促使企业定期对污染排放进行报告，因此规制不仅对企业污染排放水平起作用，还为规制者提供了企业更多更准确的污染信息。达斯古普塔等（Dasgupta et al.，2001）具体分析了环境规制中的监管和污染收费对中国镇江污染企业环境绩效的影响。结果表明，在企业层面，与污染收费相比，监管对企业环境绩效更具有决定性的影响，它能减少大约 0.4% ~ 1.18% 总悬浮固体和化学需氧量引起的水污染。国内一些学者开始尝试建立一系列指标体系来对环境规制绩效进行评价。曹颖（2006）在阐述环境规制绩效评价指标构建原则（包括政策相关性原则、数据可得性原则和完备性原则）的基础上，借鉴联合国和 OECD 在 1994 年提出的压力—状态—响应（P – S – R）的框架模型，初步构建起云南省环境绩效评价指标体系。该指标体系包括土地退化、生物多样性、森林资源、内陆水污染、废弃物管理 5 个大类指标，每一个大类指标下分别包含压力指标、状态指标和响应指标 3 个子指标，每个子指标下又分别包含更下一级的具体指标。王晓宁等（2006）采用层次分析法和专家评分法建立了对环境保护机构能力评价的指标体系，并以河南省 13 个县级环境保护局为例，评价了县级环境保护部门的能力。研究结果表明，地方环境保护机构能力总体水平较差，并且区域差异较大。陈劭锋（2007）利用资源环境综合绩效指数（resource and environmental performance index，REPI）[①]，对 2000 ~ 2005 年中国的资源环境绩效水平进行了综合评价。结果发现，样本期间中国资源环境综合绩效指数总体上呈下降态势，平均每年下降 2.7%；经济发展水平虽然与资源环境绩效正相关，但经济的发展并不必然会带来资源环境绩效的提高，需要通过结构优化、技术创新等方式保护资源环境。臧传琴和陈蒙（2018）采用学者们普遍采用的单位 GDP 废水、工业废气和工业固体废物排放量的变化来展现财政环境保护支出效应。结果发现，2000 ~ 2015 年，统计区间内单位 GDP 废水排放量、工业固体废物排放量和工业废气排放量均呈现出明显的、相对稳定的下降趋势，特别是前两者下降速度较快，分别从 2000 年的 41.6 万吨/亿元和 31.9 千吨/亿元下降到了 2015 年的 11.3 万吨/亿元和 0.1 千吨/亿元，下降幅度分别高达 72.8% 和 99.7%，环境效应较为明显。从这一角度来看，政府的环境政策是

27

---

① 资源环境综合绩效指数实质上表达的是一个地区 n 种资源消耗或污染物排放绩效与全国相应资源消耗或污染物排放绩效比值的加权平均。该指数越大，表明资源环境绩效水平越低，该指数越小，水平越高。

有效的。不过，如果考虑到近年来财政环境保护支出的快速增长，将二者结合起来研究发现，尽管污染物排放在快速下降，但其下降的幅度远小于财政支出增加的幅度，即快速增长的财政支出并未带来环境质量的同步改善，财政环境保护支出绩效尚有较大的改善空间。而冯海波和方元子（2014）则以城市人均工业二氧化硫（SO_2）排放量指标代表地区环境质量，基于传统的环境库兹涅茨曲线和索洛增长模型，建立了包括经济增长方程和环境方程在内的动态面板模型，测度了 2003 ~ 2011 年中国 286 个城市的财政支出的环境效应。结果发现，地方财政支出的直接环境效应并不明显，而是以间接效应为主。不仅如此，实证结果还发现，对绝大多数样本城市而言，财政支出的环境净效应为负值，而且区域间差异较大，具体表现为东部地区环境效应为负值，而中西部地区则为正值。

（2）将环境规制与环境库兹涅茨曲线（EKC）结合起来分析，以衡量或说明环境规制的绩效。帕纳约托（Panayoutou，1997）对 30 个国家或地区 1982 ~ 1994 年的数据进行了分析，结果发现，通过制定相关的法律和规章制度，可以显著减少二氧化硫的排放，改善环境质量：在倒 U 形 EKC 曲线拐点的左边，环境规制使得在低收入水平上环境恶化的速率降低；而在拐点的右边，环境规制使得在高收入水平上环境的改进加速，进而使得倒 U 形环境库兹涅茨曲线变得扁平，环境质量趋于改善。赫蒂格等（Hettige et al.，2000）利用美国、中国、巴西、印度等 12 个国家或地区企业层面的工业污水排放的数据进行计量分析，也发现了 EKC 曲线的存在，即严格的环境规制使工业废水排放量随着收入增加而大大减少。巴特拉伊和哈米格（Bhattarai & Hammig，2001）考察了拉丁美洲、亚洲和非洲 66 个国家或地区环境规制和森林采伐的关系，结果表明，环境规制的加强能够显著减少森林采伐，森林覆盖率相对于没有环境规制的状况有较大提高。达斯古普塔等（Dasgupta et al.，2002）通过对水污染的研究也得出了相同的结论：相对于没有规制时的排放水平，严格的环境规制降低了经济增长的每一时期污染排放量，拐点会提前出现，EKC 曲线因此变得更加扁平，并且处于相对较低的位置。中国学者吴玉萍等（2002）选取 1985 ~ 1999 年北京市的经济环境数据，实证检验了工业废水、废气和固体废弃物等环境指标与经济增长（以人均 GDP 表示）的关系，结果表明，北京市人均 GDP 与环境污染之间呈现出显著的 EKC 曲线特征，但在较为严格的环境规制政策下，北京市的经济环境数据更早地到达了 EKC 曲线的拐点，并且到达拐点的时间跨度小于发达国家的数据，不仅 EKC 曲线更加扁平，而且总体跨度更小。夏永久等（2006）采用三次曲线的分析方法，实证分析了 1986～2006 年河谷型城市——兰州市的环境污染与经济增长之间的关系，发现不同的环境指标与经济增长之间表现出不同的关系。其中，工业废气污染和工业固体废弃物污染与经济增长之间的关系与环境库兹涅茨曲线不符，前者与经济增长之间表现为倒 U 形 + U 形关系，后者与经济增长之间表现为 U 形 + 倒 U 形关系，只有工业废水污染与经济增长之间表现为倒 U 形关系，与环境库兹涅茨曲线相符。造成这种复杂的演进关系的原因，既与兰州市的环境规制政策有关，也与兰州市特殊的河谷型盆地的地理特征相关。张红凤等（2009）利用 1986～2005 年全国和山东的经验数据，研究了环境污染与经济增长之间的关系。结果发现，环境污染与经济增长之间并不必然表现为倒 U 形关系，而是表现为多种复杂的关系，这主要取决于选取的环境指标不同。从山东来看，由于实行了更为严格的环境规制政策，其规制绩效优于全国平均水平，不仅环境库兹涅茨曲线的形状更为扁平，而且处于相对较低的位置，即相同收入水平下，山东的污染水平低于全国平均水平。

（3）分析环境规制对于污染密集型产业的影响。环境规制不仅直接对污染排放产生抑制作用，而且对污染密集型产业的发展也会产生一定的影响。康拉德和瓦斯特尔（Conrad & Wastl，1995）对 1975～1991 年德国 10 个污染密集产业的全要素生产率进行了研究，发现环境规制对提高污染密集型产业生产率的作用很小，部分污染密集型产业的全要素生产率水平甚至因此降低。该研究实际上支持了传统规制经济学的观点：政府规制会增加企业的服从成本，从而降低企业效率。博伊德和麦克克莱兰（Boyd & Mc Cleland，1999）对美国 1988～1992 年环境规制对纸浆和造纸业生产率的研究发现，环境规制的影响并不确定，有些年份带来了产出的增加，但有些年份则导致了产出损失。格林斯通（Greenstone，2002）使用 170 多万个企业的大量研究数据发现，环境规制会限制污染密集产业的发展。张红凤等（2009）对山东环境规制下的化工产业、造纸及纸制品业、纺织业等 18 大类污染密集产业发展状况进行实证分析，发现尽管山东实行了比全国平均水平更为严格的环境规制政策，但上述三个指标均表现良好，甚至高于整个山东工业产业的平均水平。这说明，严格的环境规制在抑制污染的同时，推动了污染密集型产业的发展，实现了环境与经济"双赢"的目标。但是，要改变单位产出能耗高、污染排放总量高而导致环境规制压力大的局面，还需配合产业结构政策的调整。原毅军和谢荣辉（2014）创新性的将环境规制区分为正式规制（主要包括命令—控制型规制、基于市场的激励型规制和自愿型规制）和非正式规制，利用 1999～2011 年中国 30 个省份的面板数据考察了环境规制与产业结构调整之间的关系。结果发现，不论是正式规制还是非正式规制，都会显著促进产业结构的优化升级。当然，在这一过程中，不同地区、不同行业由于自然、历史、经济等因素的影响会表现出较大的差异性。不过，也有学者从环境规制对就业结构进而对产业结构发生影响进行了分析。有学者认为，环境规制具有显著的就业创造效应，能有效促进就业（Berman & Bui，2001；Mogenstern et al.，2002）；但有的学者侧持相反的观点，人为环境规制会抑制就业，带来就业损失（Greenstone，2002；Deschenes，2010；Curtis，2014）。王勇和李雅楠等（2017）利用 1998～2007 年中国全部国有及规模以上非国有工业企业的数据，借助于面板 VAR 模型，测度了环境规制对就业的影响，进而从侧面反映了环境规制对产业结构的影响。结果发现，环境规制对就业创造和就业损失的影响在滞后一期和滞后二期表现最为明显，之后逐渐减弱。具体表现为：环境规制会促使污染密集型产业的就业规模缩小，而清洁产业的就业规模趋向于扩大。原因在于，环境规制会增加企业成本，从而提高了新企业进入的门槛，导致就业规模缩减；同时，环境规制会产生"挤出效应"，即在位企业在既定投资规模条件下，为了增加环保人员，只能暂时减少生产人员数量，从而可能带来生产规模缩减，进一步减少劳动力需求。豆建民和崔书会（2018）确定了 13 个重污染产业，考察了 2000～2015 年其在 30 个省份的分布状态。研究发现，环境规制会负面影响污染密集型产业的发展，进而提出中西部地区应适当加大环境规制力度，促进产业结构的清洁化。

（4）分析环境规制的技术创新效率。20 世纪 80 年代中期以后，学者们开始关注政府环境规制对企业竞争力的影响。许多学者认为：环境规制会负面影响企业竞争力。原因是：为了满足政府的环境规制要求，企业必须要增加污染治理投资，而一定时期内企业的投资规模是有限的，污染治理投资的增加必然要以其他生产经营项目投资的减少为代价，也就是说，在实现一定的环境目标的同时，企业的生产经营效率可能会下降。如果是在国内市场上，同一行业由于面临着相同的环境规制政策，企业的竞争力不会受到影响。但当企业在国际市场上竞争时，国家间环境标准的差异性导致参与国际竞争的、环境规制标准较高的国家的企业的竞争力下降。美国、德国、日本等国企业提出，本国过于严厉的环境标准加大了企业成本，削弱了企业在国际市场上的竞争力，使其处于竞争劣势地位。一些受环境规制影响较大的产业纷纷反对政府制定更严格的环境标准，如美国的化工制造企业在 20 世纪 80 年代中期提出，政府的环境规制直接影响其在国际市场上的地位，与其他环境标准较低国家的企业相比，其竞争优势在下降（张曼，2004）。

　　但是，进入 20 世纪 90 年代初，传统观点受到著名管理学家迈克尔·波特（Porter M E，1991）教授的挑战。波特教授认为："恰当设计的环境规制可以激发被规制企业创新，产生效率收益，相对于不受规制的企业，这可能会导致绝对竞争优势；相对于规制标准较低的国外竞争者而言，环境规制通过刺激创新可对本国企业的国际市场地位产生正面影响。"这就是著名的"波特假说"。1995 年，波特与范德林德（Class Van der Linde）再次完善了"波特假说"，对环境规制通过促进技术创新进而提升企业竞争力的作用机理进行了阐述。"波特假说"提出之后，关于环境规制与技术创新之间的关系引起了人们的很大兴趣，许多学者从不同的角度，利用不同的案例进行了验证，但并未得出确定的、一致性的结论。主要观点有三个。

　　第一，"波特假说"不成立，即环境规制未能促进技术创新和提升企业竞争力。丹尼森（Denison，1981）考察了美国劳动生产率的变化情况，认为 1972～1975 年由于环境规制的实施，美国的劳动生产率下降了 16%。戈洛和罗伯特（Gollo & Robert，1983）的研究发现，由于限制二氧化硫排放政策的实施，美国电力产业不得已以低硫煤作为替代能源，结果使得电力产业生产率增长率在 1973～1979 年的 6 年间下降了 0.59%。巴伯拉和麦康内尔（Barbera & McConnell，1990）研究发现，由于环境规制政策的实施，1960～1980 年美国钢铁、化工、造纸等产业的生产率下降了 10%～30%。格雷和沙德·贝吉（Gray & Shadbegian，1995）、布兰伦德（Brannlund，1998）、约根森和威尔科克森

（Jorgenson & Wilcoxen，1990）的研究也得出了类似的结论。齐绍洲和徐佳（2018）构造了低碳国际竞争力指数（low carbon revealed comparative advantage，LCRCA），对 1995～2009 年 G20 国家中的 16 个国家的低碳国际竞争力指数进行了测度，发现环境规制给企业带来的遵循成本大于其创新补偿效应，从而降低了其国际竞争力。不过，这一影响在不同类型的国家表现不一。具体说来，经济越发达和对外开放度越低的国家或地区，环境规制对企业国际竞争力的负面影响越小；相反，经济发展水平越低和对外开放度越高的国家或地区，环境规制对企业国际竞争力的负面影响越大。袁宝龙（2018）通过构建扩展的 CDM 模型，利用中国制造业 28 个行业面板数据，研究环境规制对技术创新的影响，结果发现，环境规制对制造业的技术创新投入产生了"挤出效应"，抑制了产业的创新活动，弱"波特假说"并未得到支持；但政府环境规制对制造业的经济绩效和环境绩效却产生了显著的促进作用，强"波特假说"得到了实践的有力支持。总体来看，在环境规制过程中，产业的遵循成本过高，很大程度上抑制了其创新活动。因此，建议政府应通过财政补贴或税收优惠等政策手段对企业的技术创新和制度创新行为给予必要的激励和支持。

第二，"波特假说"成立，环境规制促进了技术创新和企业竞争力的提高。拉诺和莫迪（Lanjouw & Mody，1996）使用日本、美国和德国的经验数据研究发现，污染治理支出与环境专利数量间正相关，但是技术创新对环境规制的反应有 1～2 年的滞后期。布伦纳·迈尔和科恩（Brunner Meier & Cohen，2003）对美国 146 个制造业的分析表明，环境专利数量与污染治理成本正相关，污染治理成本每增加一百万美元，环境专利增加 0.04％。臧传琴和刘岩（2011）以中国电力产业为例，采用协整分析和格兰杰因果检验，实证分析了"波特假说"在中国的适用性。实证结果发现，环境规制与中国电力产业的技术创新之间存在着稳定的正相关关系。同时，环境规制不是引起中国电力产业技术创新的格兰杰原因，但中国电力产业的技术创新是引起环境规制变化的格兰杰原因。叶祥松和彭良燕（2011）运用 1999～2008 年中国的经验数据，分析了中国各省、直辖市和自治区环境规制与技术效率和全要素生产率的关系，发现环境规制强度越大，环境技术效率越高；环境规制实施后有效提高了全要素生产率，但不同地区表现出一定的差异性，影响因素主要包括经济增长水平、利用外资水平、资本劳动比、工业发展水平等。另外，张中元和赵国庆（2012）、郭艳（2013）等的研究均验证了"波特假说"的有效性。余东华和孙婷（2017）借助双层嵌套Dixit-Stiglitz模型的理论和实证研究发现，环境规制与技能溢价之间呈正相关关系，但存在明显的行业差异，即在重度污染行业和中度污染行业，环境规制的技能溢价效应较为明显，而在轻度污染行业，环境规制的技能溢价效应相对较小。张倩和邬丽群（2017）以煤炭产业为例，将环境规制（强制性减排技术）融入边际效用（MU）和边际成本（MC）曲线中发现，环境规制的确促进了产业的技术创新。韩超、张伟广和冯展斌（2017）以中国首次实施的将主要污染物减排目标作为约束性指标层层分解到地方，并将该目标的实现与否与地方政府政绩考核挂钩的环境规章制度，实证检验了中国这一约束性环境控制方式是否有利于纠正资源错配问题。通过对环境规制、资源配置效率影响的两个方面的表现——企业全要素生产率（TFP）和资源再配置水平的分析，发现这种规制方式虽然对整体资源配置效率具有不利的影响，但却显著提高了污染行业的资源配置效率。随着环境规制政策的实施，包括劳动和资本在内的各种生产要素会逐渐流入高生产率企业，并进而提高生产率企业的市场份额。另外，这种约束性污染控制方式一定程度上有利于纠正政府政策补贴带来的资源配置的扭曲问题。

第三，环境规制对技术创新和企业竞争力的影响不确定。杰菲和帕默（Jaffe & Palmer，1997）对美国制造业的研究发现，环境规制与产业的 R&D 支出间存在显著的正相关关系，污染治理支出每增加1个百分点，R&D 支出将相应增加0.15个百分点，但是污染治理成本与专利申请数量关系不显著。阿尔派、布科拉和克弗列特（Alpay、Buccola & Kerkvliet，2002）考察了1971~1994年环境规制对美国和墨西哥食品加工业生产率和利润率的影响，发现环境规制虽然有效促进了墨西哥食品加工业生产率的提高，但却降低了其利润率；环境规制降低了美国食品加工业的生产率，但对利润率的影响不显著。拉诺伊、帕特里和拉热内斯（Lanoie、Patry & Lajeunesse，2001）通过对加拿大17个制造业的实证研究发现，环境规制对生产率的影响因期限而不同：短期内二者负相关，而长期则正相关。沈能和刘凤朝（2012）利用非线性面板数据模型，检验了中国1992~2009年环境规制与技术创新之间的关系。结果发现，环境规制与技术创新之间并非像传统上人们所认为的呈线性关系，而是呈 U 形关系，即环境规制强度存在一个门槛，在该门槛之前，环境规制抑制了技术创新；越过了该门槛之后，环境规制有利于技术创新。另外，经济增长对技术创新存在双门槛效应。臧传琴和张菡（2015）选取中国 2000 ~ 2011 年的相关数据，通过门槛模型的实证研究发现，环境规制与技术创新之间并非呈线性关系，而是一种 U 形关系：在东部地区，环境规制对技术创新的促进作用明显，且大多数省份都跨越了门槛值；而在中西部地区，环境规制对技术创新的正面效应不明显，西部地区甚至低于门槛值，出现了负效应。因此，政府应区别不同地区的实际情况，实行差异化的环境规制政策，力求在促进地区间协调发展的同时，最大化环境规制的技术创新效应。刘斌斌和黄吉焱（2017）认为，政府环境规制会通过影响外商直接投资（FDI）方式进而影响企业的技术创新水平。他们认为，在环境规制强度较大的欠发达地区，为了降低交易成本，FDI 会选择以合资的方式进入该地区。虽然此种进入方式有利于外资更好地利用当地廉价的自然资源，但是由于市场不够成熟、知识产权保护制度不够完善、管理技术不够先进、人员素质不够高等因素的影响，FDI 难以对这些地区产生技术溢出效应。但是，在环境规制强度相对较低的发达地区，由于其资源相对短缺，而经济发展水平较高，FDI 一般会选择以独资方式进入该地区。由于经济发达地区具备较强的资金和人才技术优势，加之其市场较为成熟，各项规制制度相对健全和完善，从而有利于 FDI 技术溢出效应的充分发挥。其随后以 2008 ~ 2014 年中国省际面板数据的实证分析也证实了上述观点。谢荣辉（2017）借助于 2000 ~ 2012 年中国的经验数据，利用两阶段模型对环境规制与技术创新的关系进行了检验。研究认为，"波特假说"带有条件性，即环境规制对非环境保护技术具有显著的激励作用，但对环保技术的影响为负。因此，企业劳动生产率的提高主要得益于非环保技术的提升。罗艳和陈平（2018）首先采用基于 SBM 模型的 GML（Global Malmquist – Luenberger）指数方法测算了 2005 ~ 2015 年中国 30 个省份的绿色创新效率，然后，在此基础上测度了环境规制于绿色创新的关系。结果发现，环境规制与绿色创新效率之间不存在线性关系，而是存在门槛效应，即环境规制对即期的绿色创新存在负面影响，但对滞后一期的绿色创新则存在显著的正向影响。可能的原因是，政府环境规制短期内给企业带来了成本的增加，一定程度上产生了"挤出效应"，企业在技术创新方面的投入相应减少，创新效率下降。但经过一段时间后，企业意识到政府环境规制可能会是一种长期的、稳态的而且会越来越强的政策措施，必须要通过技术创新或产业机构调整来应对。因此，加大技术投入、提高创新效率成为必然的选择。

2.5 关于环境规制绩效评价政策所产生影响的研究

关于环境规制绩效评价政策的作用，学者们的观点主要分成两类：大多数学者认为环境规制绩效评价政策产生了积极的影响，但也有学者认为这一政策可能会带来第三方成本，进而损害社会福利。OECD（2006）的报告《SEA：开发合作良好实践指南》认为，战略环境评价（SEA）的宗旨在于通过对相关环境政策的客观、科学的评价，促进环境政策的调整和优化，从而提高环境绩效，为人类社会提供一个更加健康、安全的自然环境。实践证明，SEA 在这方面是卓有成效的。不仅如此，相对于环境影响评价（EIA），SEA 更加简单易行，这对不论是资源还是技术都相对缺乏的发展中国家来说更难得。中国学者梅黎明（2009）认为，通过成本—收益分析，对政府规制绩效进行评价可以从宏观和微观两个层次产生有益影响：从宏观上看，通过对政府规制绩效进行评价，可以进一步明确在市场失灵的情况下政府干预的边界（政府既不能对市场放任不管，也不能全面干预，而应确定一个合理的干预边界），从而防止过于理想主义地渴望平等而忽视效率，或过于现实主义地追求效率而不顾公平，从而决定是放松规制还是加强规制，哪些领域需要放松规制，哪些领域需要加强规制。从微观上看，通过对事前、事中和事后的评价，可以在几个被选方案中选择出最优方案，最大限度地以最小的成本实现目标，或者以相同的成本实现最高的利益；通过实施规制绩效评价，可以及时发现并纠正现行政策存在的问题，及时调整规制政策，尽可能减少损失；通过规制绩效评价，在一定程度上防止规制者滥用自由量裁权，更好地增进社会福利。

但是，也有学者持相反的观点。曾国安和胡晶晶（2006）认为，政府规制不仅仅会给规制者和被规制者带来成本负担，也可能会给第三方带来成本增加。不仅如此，有时候被规制者因为规制而增加的成本可能会被转嫁出去。如果对政府规制绩效进行成本—收益分析时，仅分析政府规制给规制者和被规制者带来的成本负担，而忽视了给第三方带来的成本负担或成本转嫁问题，分析结果就会有失偏颇，据此作出的规制政策或实施的规制行为，就可能造成过大的第三方成本，进而产生较大的社会成本，损害社会福利。

2.6　本章小结

已有研究对政府环境规制绩效评价的必然性、评价主体、评价方法、评价指标，甚至是关于政府规制绩效评价政策的影响都进行了系统分析，有些研究则详细介绍的某些西方发达国家从事政府绩效评价的具体做法，从而为本研究奠定了良好的基础。但已有研究仍存在以下局限：一是关于政府环境规制对环境质量发挥作用的机理并未展开细致、深入地探讨。而事实上，通过环境规制作用机理的分析，有助于帮助我们更加深入、清楚地发现和探寻环境规制绩效的影响因素，从而采取更具针对性的、有效的政策措施。二是现有研究要么是从全国的角度，要么以某个省份为例研究环境规制绩效，却忽略了对环境规制绩效区域差异的测度与分析，从而难以发挥协调区域环境规制绩效的作用。三是已有研究多是以单一方法分析环境规制绩效，缺乏多种研究方法下所得结论的相互对照与印证，因此所得出的结论以及提出的政策建议难免有失偏颇。本书将在已有研究的基础上，全面深入地研究环境规制绩效在不同区域的差异，并借助于经验数据从不同角度测度环境规制绩效区域差异的程度（分别从环境库兹涅茨曲线的差异、对污染产业的影响的差异、对社会资本环境保护投资影响的区域差异三个方面进行测度）以及相关影响因素，进而提出通过实施差异化的环境规制政策、建立环境规制区域协调机制、优化地方政府激励模式等切实可行的、有效的政策建议。

第3章 环境规制影响环境质量的作用机理

环境规制政策从制定到最终对环境质量发生作用，中间必然要借助一定的媒介或桥梁。政府环境规制既可以通过影响市场主体的行为来影响环境质量，也可以通过影响区域协调发展来影响环境质量。深入分析环境规制影响环境质量的作用机理，是正确认识环境规制绩效及其影响因素，并提出有效的政策建议的前提和基础。

3.1 环境规制通过影响市场主体的行为来改善环境质量

一般地，市场主体主要包括消费者、生产者和政府三方。因此，政府环境规制政策会通过影响以上三个市场主体的行为而对环境质量发生影响：消费者的收入分配效应、生产者的产品结构调整效应和技术创新效应、政府本身的环境规制循环强化效应。尽管通过不同市场主体作用于环境质量的方式不同，但殊途同归，环境规制最终对环境质量的改善发生影响。

3.1.1 环境规制通过影响消费者行为来改善环境质量

1. 理论阐释

消费是再生产过程的最后一个环节，是生产的最终目的。政府环境规制最终会通过层层环节落实到对消费者行为的影响上，并通过消费者行为的改变进而影响环境质量。大量学者的研究发现，环保知识、环保态度会影响人们的环保行为。具体而言，三者的关系呈现出"环保知识——环保态度——环保行为"的线性关系，即人们的环保知识越多，环保态度则越好，环保意识越强，越倾向于采取环保行为（当然，收入水平、性别、年龄、城乡差异等也会对人们的消费行为产生一定的影响）。而政府环境规制则对人们的环保知识、环保态度和环保行为产生了积极的正向影响。具体地，环境规制对消费者行为的影响主要通过对消费数量、消费结构和消费方式的影响表现出来。

（1）环境规制对消费数量的影响。政府环境规制的目的在于通过节能减排来改善环境质量。因此，政府实施环境规制政策后，消费品的价格及其需求量会发生相应变化：一是高消耗、高污染消费品因为要缴纳环境税或资源税，或者所缴纳的环境税、资源税增加等原因导致价格上升，而短期内在消费者货币工资不变的情况下，使其实际收入相对下降，从而会相应减少对该类物品的需求；二是高消耗、高污染消费品的价格上升使得低污染、无污染的"绿色"消费品价格相对下降，从而使消费者实际收入相对上升，从而增加对该类物品的需求。以消费税为例：消费税开征的主要目的是调节消费结构，即政府通过对特定商品征税，调节消费者的消费行为，引导人们实现健康消费。虽然目前我国消费税的征收环节为生产和进口还节，但通过层层加价，消费税最终还是会转嫁到消费者身上，由消费者负担。由于在生产和进口环节征收的税收最终会提高零售环节的商品价格，在其他条件不变的情况下，无疑会抑制消费者的购买力，即产生收入分配效应。加之消费税应税商品大多为非生活必需品，价格需求弹性相对较大，在价格上涨的情况下，消费者自然会选择减少该物品的消费数量，而转向更加环保、价格相对低廉的替代物品。

图 3-1 形象地刻画了环境规制对不同产品消费数量的影响。对高污染消费品而言，随着国家环境规制政策的实施，其价格由 P_1 上升到 P_2，相应地，需求量则由 Q_1 下降到 Q_2，减少量为 $Q_2 - Q_1$。而"绿色"消费品则相反，不论是相对于高污染消费品的价格上升而言，还是由于国家补贴，其价格会相对下降，由 P_1 下降到 P_2，需求量则由 Q_1 增加到 Q_2，增加量为 $Q_2 - Q_1$。

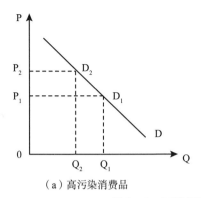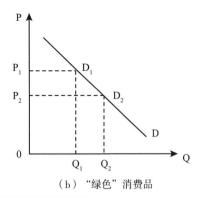

（a）高污染消费品　　　　　　　（b）"绿色"消费品

图 3 - 1　环境规制对消费数量的影响

（2）环境规制对消费结构的影响。如前所述，环境规制对环保程度不同消费品的影响截然不同：随着政府环境规制的逐渐加强，高污染消费品的价格趋于上升，而"绿色"消费品的价格趋于下降。由此带来的不同产品的需求量的变化呈现出相应的结构性差异：高污染消费品的需求量趋于下降，而"绿色"消费品的需求量趋于增加。在此影响下，消费结构更加环保和绿化，即高污染消费品在人们的消费总量中所占比重下降，而"绿色"消费品的比重趋于上升，人们的消费方式日益从单纯的物质消耗转向更加注重提高生活品质和健康消费。而党的十九大报告明确提出，政府将制定相关的规章制度，鼓励人们进行绿色消费。随着环境意识日益深入人心，随着人们生活质量的提高，"绿色"消费已进入更多人的生活，越来越成为人们追求的一种生活目标。

（3）环境规制对消费方式的影响。政府环境规制不仅对消费数量和消费结构发生影响，也会从深层次上影响人们的人生观和价值观，帮助人们形成一种更为健康、环保的消费意识和消费观念，并进一步改善人们的消费行为，使人们的消费更加符合"三 E"和"三 R"，即经济实惠（economic）、生态效益（ecological）、平等（equitable）、减少非必要的消费（reduce）、重复使用（reuse）和再生利用（recycle）。

环境规制对消费方式的影响主要表现在两个方面。

第一，环境规制有益于抑制过度消费。作为一个发展中国家，勤俭节约一直是中国提倡的美德。但是，不得不指出的是，为了解决"生产过剩"的问题，以便给穷人提供更多的就业机会，早在春秋时期，中国的第一位经济学家——管子，甚至提出了"富者靡之，贫者为之"的倡导，也就是让富人奢侈消费，从而给穷人提供谋生的机会，带动相关行业的发展。鲁国宰相公仪休甚至因为妻子自己动手织布而愤怒地烧毁了织布机，并将妻子赶出了家门，理由是："难道要让农民和织妇卖不掉她们生产的货物吗？"而为了度过经济危机，鼓励消费的观点在凯恩斯那里达到了极致，他甚至提出了"节俭是罪恶，浪费是美德"的观点。而政府为了让民众消费，采取的办法是自己先动用财政支出，投资基本建设等。政府花钱太多，自然出现财政赤字，于是，"凯恩斯主义"又被批评者们称为"赤字财政"。诚然，这种过度消费的行为的确帮助美国等西方国家先后走出了大危机，并迎来20世纪五六十年代经济发展的黄金时期（西欧、日本就是在那段时期分别发展成为世界经济的两极）。但是，"赤字财政"的最终来源却是整个社会的税收，这种寅吃卯粮式过度消费的负面影响是显而易见的。从一定程度上讲，20世纪70年代西方国家的"滞胀"现象与此有着一定的联系，并导致自第二次世界大战之后一直作为西方主流经济学的凯恩斯主义受到质疑，从而导致货币学派、公共选择学派、供给学派、理性预期学派等一大批新自由主义学派兴起，并引发了一场新一轮的私有化浪潮。不仅如此，过度消费还会造成对资源的过度消耗，进一步加重环境负荷，造成经济发展的不可持续性。所以，由政府制定并实施一定的政策措施，引导消费者进行恰当合理的健康消费是必要的，也是重要的。

第二，环境规制会使人们更加合理地处置废弃物和生活垃圾。消费过程是人们从自然界获取消费资源，又将消费后的废弃物排放回自然界的过程。在这一过程中，一方面是资源的日益减少，另一方面则是环境污染的不断加重。而且一般地，随着人们生活水平的提高，生活垃圾的产生量将会相应增加。据统计，中国垃圾年均增长率达到10%以上，远远超过了世界8.42%的平均水平；中国每年就产生近1.5亿吨城市垃圾，约占世界每年产生垃圾（4.9亿吨）的31%。大量的垃圾产生，使得本就污染严重的环境更加不堪重负。合理处置废弃物和生活垃圾，首先需要做好废弃物和垃圾分类工作，这是下一步资源循环利用的前提和基础。但是，废弃物和生活垃圾的分类会增加人们的生活成本，如果没有政府相应的环境规制政策，人们很难自觉地做好这项工作。中国早在十几年前就已提倡居民进行生活垃圾分类，但收效甚微，其主要原因还在于政府没有相关的法律法规做保障，而仅通过道义上的劝说，其效果自然可想而知。道德约束是软约束，良好社会秩序的建立必须要依靠制度约束。因此，需要政府制定必要的、科学的法律法规，用刚性的制度来约束人们的消费行为，使之更加趋向于健康和环保。我们有理由相信，随着经济社会的不断发展，随着国家法制建设的不断进行和环境规制的不断加强，"绿色"消费将会更加普及。

2. 实证分析

（1）模型建立。以上我们仅是对环境规制对消费者行为影响的机制进行了规范分析。为了进一步对此问题进行更深入的探讨，接下来我们将借助于经验数据对该机制进行实证检验。为此，我们建立以下模型：

$$Y = \beta_0 + \beta_1 \ln RZ + \beta_2 ERS + \beta_3 AGE + \beta_4 \ln DPI + \mu \qquad (3-1)$$

为了尽可能消除异方差带来的不良影响，我们对相关变量取自然对数。其中，Y 表示消费者绿色消费水平，RZ 表示人力资本，ERS 表示环境规制，AGE 表示年龄结构，DPI 表示人均可支配收入，β_1、β_2、β_3、β_4 为待估参数，β_0 为截距项，μ 为随机扰动项。

指标解释和数据来源：

消费者绿色消费水平（Y）。绿色消费是一种以"绿色、健康、和谐"为宗旨，有益于人类健康和社会环境的新型消费模式。国际上一些环保专家把绿色消费概括为"5R"，即节约资源，减少污染（reduce）；绿色生活，环保选购（revaluate）；重复使用，多次利用（reuse）；分类回收，循环再生（recycle）；保护自然，万物共存（rescue）。目前，学界对衡量消费者绿色消费水平的指标并未达成共识，相关统计年鉴也没有一个权威、统一的衡量指标，大部分学者是通过调查问卷的形式，通过消费者对绿色产品的消费量来衡量人们的绿色消费水平。为了简化并便于分析问题，此处我们采用向书坚、郑瑞坤（2013）的研究方法，用人均生活消费能源节约率来代理消费者绿色消费水平。其中，人均生活消费能源节约率 =（报告期人均生活消费能源/基期人均生活消费能源 -1）$\times 100\%$。

人力资本水平（RZ）。一般地，学者们多用受教育程度来衡量人力资本水平（尽管衡量指标略有差别）。本书用每万人中专及以上学历的人数表示人力资本水平。绿色消费水平会受到人们的环保意识的影响，环保意识较高的人更愿意参与环保事业，能在更大程度上关心地球和地球上居民的福利水平。而人们的环保意识在很大程度上受到教育水平的影响。一般地，人们受教育水平越高，拥有的环境知识越多，越能够培养正确的环境价值观，从而环保意识越强，进行绿色消费的倾向就越高。反之，人们的受教育水平越低，则环保意识相对越低，从而绿色消费水平越低。所以，预期受教育水平与人们的绿色消费水平正相关。

年龄结构（AGE）。鉴于数据的可得性，本书选用15～64岁的年龄区间作为青年人和中年人的分析变量。绿色消费会受到年龄结构影响，一般地，出于对更高生活质量的追求，年轻人会更加关注环境问题，绿色消费水平相对较高；而年纪较大的人则更趋向于节俭，可能会更多地参加一些回收活动。所以，年龄结构对绿色消费的影响具有不确定性。

人均可支配收入（DPI）。本书采用城镇居民人均可支配收入表示该指标。人们的消费数量和消费结构在很大程度上受收入水平的影响。一般地，人们的收入水平越高，消费结构将会越高端，消费越趋向于健康环保。相反，人们收入水平越低，则更加注重基本生存需求，进而可能由于绿色产品价格相对较高而放弃绿色消费，所以预期该指标与消费者绿色消费水平正相关。

环境规制（ERS）。目前，衡量政府环境规制水平（强度）的指标较多，有些学者采用单位产值污染物的排放量来衡量，有些学者则采用环境污染治理投资额来代理，有的学者则借助于主成分分析法，将多个具体指标合成为一个综合指标来衡量环境规制强度，等等。在此，我们采用环境污染治理投资额占GDP的比重来代理该指标。一般地，政府环境规制强度越高，污染治理投资越多，人们的绿色消费水平将会相应越高。因此，预期环境规制与绿色消费水平正相关。

此处我们选用2000～2015年的数据，其中，"绿色消费水平"的数据是作者计算所得，其他数据来自历年《中国统计年鉴》和《中国环境统计年鉴》。

（2）数据的描述性统计，其统计结果如表3－1所示。

表3－1　　　　　　　　数据的描述性统计结果

变量指标	均值	标准差	最小值	最大值
Y	1.0048	0.6215	0.0884	2.0000
ERS	0.0133	0.0023	0.0100	0.0184

变量指标	均值	标准差	最小值	最大值
RZ	50.33	27.29	7.5	83.82
AGE	0.7237	0.0154	0.7010	0.7450
DPI	10626.98	60.83	3711.83	21966.2

从表 3 - 1 中可以看出，Y 代表人均生活消费能源节约率，平均来看，人均生活消费能源节约率维持在 1.0048 左右，最大值和最小值分别为 2.0000 和 0.0884，分别出现在 2000 年和 2015 年，这也粗略地反映了绿色消费能力不断提高的趋势。环境规制（ERS）、人均资本（RZ）、年龄结构（RZ）、人均可支配收入（DPI）的平均值分别为 0.0133、50.33、0.7237、10626.98，但人均可支配收入的标准差为 60.83，说明人们的收入波动浮动比较大。

（3）实证检验分析。第一，协整检验。在研究时间序列的过程中，如果一个序列有单位根，那么在很多情况下，通常的大样本正太近似便不再有效，得出的分析可能存在伪回归的现象。为了使模型回归分析更具有稳定性和准确性，我们使用 ADF 检验法来检验每个变量是否平稳和是否存在单位根，确定滞后阶数依据 AIC 原则。检验结果如表 3 - 2 所示。

表 3 - 2 　　　　　　　　　对原数据单位根检验结果 P 值

分类	Y	ERS	lnRZ	AGE	lnDPI
无截距无时间趋势	0.0003 ***	0.0000 ***	0.0001 ***	0.0001 ***	0.0021 ***
仅有截距项	0.0074 ***	0.0000 ***	0.0116 **	0.0036 ***	0.0351 **
有时间趋势和截距项	0.0063 ***	0.0001 ***	0.0277 **	0.0379 **	0.0251 **

注：* 表示在 10% 的水平上拒绝原假设，即该序列不存在单位根，是零阶单整，即 I(0)；** 表示在 5% 水平上拒绝原假设；*** 表示在 1% 水平上拒绝原假设。

从表 3 - 2 中可以看出，每个序列中都有带 "＊" 的一项，所以所有的序列在 5% 的显著水平上都是二阶单整的。并通过对回归后的残差进行单位根检验，得出的 P 值是 0.0313，在 5% 水平上显著，是零阶单整 I(0)，所以数据是协整的，相关数据具有长期稳定的均衡关系。

第二，回归结果分析。将前面的相关指标数据利用 EViews 6.0 软件进行回归操作，结果见表 3 - 3。

表 3 - 3 OLS 回归结果

自变量	检验结果	自变量	检验结果
ERS	- 7. 307 ** (10. 436)	lnRZ	14. 919 *** (3. 309)
AGE	- 2. 013 (2. 516)	lnDPI	97. 353 *** (4. 926)
观测次数 N R²	16 0. 996		

注：＊表示在 10% 的水平上拒绝原假设，即该序列不存在单位根，是零阶单整，即 I(0)；＊＊表示在 5% 水平上拒绝原假设；＊＊＊表示在 1% 水平上拒绝原假设。因变量为人均生活消费能源节约率（Y）。

从回归结果来看，环境规制的系数为负，且在 5% 的水平上显著。当环境规制力度上升 1% 时，人均生活消费能源节约率降低 7. 307%，说明目前的环境规制对绿色消费产生了抑制作用。究其原因，可能是目前我国的环境规制制度设计不够恰当，或者环境规制机构执法不够严格，从而导致人们的绿色消费水平并没有随着环境规制强度的提高而相应提高。因此，国家应该充分考虑人们绿色消费的能力与消费意愿，制订科学恰当的环境规制方案，并且切严格实付诸实施。

人力资本与人们的绿色消费水平正相关，人力资本水平每提高 1% 时，人均生活消费能源节约率将提高 14. 919%。一般地，受教育程度越高，人们对包括生态环境在内的生活质量的要求相对越高，从而更倾向于健康环保的绿色消费，这与前面的分析相符。

人均可支配收入对绿色消费具有显著的正向影响，人均可支配收入每增加 1%，消费者绿色消费水平将增减 97. 357%。可见，随着经济发展和收入水平的提高，人们健康消费的愿望将会得到更大程度的满足，绿色消费水平显著提高。

年龄结构对绿色消费的影响系数为负，说明青年人和中年人所占比重增加会降低人均生活消费能源的节约率，不利于绿色消费水平的提高。但回归结果在统计上不显著，这是因为青年人和中年人在生活习惯和消费内容的选择上存在差异，青年人和中年人更加注重效率与便捷，会消耗更多的资源。

3.1.2 环境规制通过影响生产者行为来改善环境质量

1. 理论阐释

生产环节是政府环境规制最为重要的对象，因为现行的环境污染主要来自生产环节，生产污染是环境污染的主要来源。因此，政府环境规制的主要对象是生产企业，特别是严重污染企业。环境规制对生产的影响主要表现在以下三个方面：

（1）环境规制对生产数量的影响。从生产和消费的关系来看，生产决定消费，消费影响生产。但是，在不同的市场结构下，二者的关系也会有所变化。在卖方市场条件下，生产对消费的影响较大；而在买方市场条件下，消费对生产的影响会增大。20 世纪 90 年代以来，随着经济的不断发展，中国的市场结构逐渐由卖方市场转向买方市场，消费者的消费偏好和消费结构越来越多地影响甚至在一定程度上决定着生产的规模和结构，政府环境规制在引导消费的同时，也间接引导生产走向节能环保之路。

如图 3-2 所示，受政府环境规制政策的影响，高消耗、高污染产品的需求曲线从 D_1 向左下方移至 D_2 处，市场均衡点也由 $E_1(Q_1, P_1)$ 点移至 $E_2(Q_2, P_2)$ 点，产出（均衡交易量）减少（$Q_1 - Q_2$）；"绿色"产品的情况则正好相反，其需求曲线从 D_1 向右上方移至 D_2 处，市场均衡点由 $E_1(Q_1, P_1)$ 点移至 $E_2(Q_2, P_2)$ 点，产出（均衡交易量）增加（$Q_2 - Q_1$）。

当然，不同产品生产数量的不同变化，除却受需求变化的影响外，与政府对生产企业直接的环境规制也有密切关系。由于排污费或环境税的征收、污染物排放浓度控制或总量控制、统一的污染治理技术或设备等环境规制措施的实施，当企业排污的边际成本大于边际收益时，或者短期内无法改变污染治理设施或技术时，就会压缩生产规模，减少污染产品的生产，或者尝试转向"绿色"产品的生产。

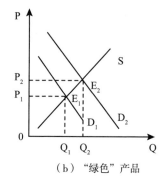

图 3 - 2　环境规制对生产数量的影响

（2）环境规制对生产结构的影响。如前所述，买方市场条件下，消费在很大程度上引导着生产方向。在政府环境规制下，随着消费结构日趋健康和环保，"绿色"消费日益成为一种为人们所接受和推崇的新的消费方式，生产也逐渐由传统的高消耗、高污染、低产出的生产方式，转向低消耗、低污染、高产出的新型的工业化道路，生产结构中高污染产品的比重逐渐趋于下降，而节能环保的"绿色"产品的比重会逐渐上升。同时，随着经济的发展，人们开始注重追求更高的生活质量，对于贴有 ISO 14000 认证、"绿色"环境标志的产品表现出越来越多的关注。不仅如此，党的十九大报告进一步提出，鼓励企业进行绿色生产。为此，政府将会提供相应的、有力的制度支持和保障。在这种情况下，生产者要想保持或扩大原有的市场份额，就必须适应市场需求的变化，努力减少污染产品的生产，增加"绿色"产品的生产，这样不仅向市场传递一种积极的环保信号，为本企业建立一种良好的环保信誉，同时也有助于实现企业长远的利润目标。一个最明显的证据是，2017 年国家组织了一次全国性的环保督查，向每个省市派出了环保督查组，实地检查、考核各省市的环境污染和治理状况。各督查组通过明察或暗访的方式，深入实际了解真是的环境状况，并针对督查过程中发现的各种问题，及时向地方政府反馈相关信息，责成地方政府及时给出相应的治理方案，并追究相关责任人的行政甚至是民事和刑事责任。严格的环保督查的效果是明显的：地方政府高度重视，环境规制机构以前所未有的方式严格检查相关企业的排污状况，对不符合排污标准的企业坚决关停。在这一过程中，尽管关停了一大批污染超标企业，在一定程度上负面影响了经济增长和就业，但却换来了环境质量的明显改善，雾霾天数和 PM2.5 浓度大大减少，蓝天白云不再成为奢望，社会整体福利得以提高。

具体而言，环境规制通过以下两个方面对生产结构产生影响：

第一，环境规制通过设立行业进入壁垒影响生产结构。环境库兹涅茨曲线告诉我们，一个国家或地区一般走的是一条"先污染，后治理"的发展路径。该种发展路径尽管最后也会随着政府环境规制的加强而使得环境污染下降，环境质量得以提升，但是，在这一过程中，社会却付出了巨大的环境成本和污染治理费用。如果将环境成本和污染治理成本综合起来，人类为了经济增长而获得的利益要远远小于所付出的成本，经济增长的净收益可能是负值。为此，改变传统的污染末端治理方式，实行预防性污染控制无疑是一种更为理性的良好选择。针对市场的潜在进入者，政府要求企业必须事先要有一定的治污投入，包括治污设施、治污技术以及治污人才等（如中国实行的"三同时"制度）。也就是说，政府设置了一个行业进入门槛，欲进入该市场的企业必须根据规制机构的要求预先安排一定规模的治污投资，而由于治污设施的购置、治污技术的研发或购买以及实物设施的运营费用都将是一笔较大的资金，如果市场潜在进入者的总预算投资规模较小，则可能会被拒之门外。即使市场潜在进入者的资金实力雄厚，则也会在投资规模既定的条件下，因为环境规制的"挤出效应"而使生产规模相应缩小，从而使得污染产业相应萎缩。另外，企业投资存在着较大的不确定性风险。如果企业进入市场后运行良好，实现了预期的经营目标，则是先投入的大量的治污资金物有所值；反之，如果企业进入市场后运行不善，最后不得不退出市场时，则前期的治污投资就会成为沉没成本，给企业带来损失。所以，为了尽可能避免或减少投资风险，企业在进入市场之前会慎重选择投资方向和投资方案，会更偏向于风险相对较小、更代表产业发展方向的"绿色"产业和"绿色"产品，从而使得产业结构或生产结构日趋清洁化。

第二，环境规制通过影响出口结构进而影响生产结构。经济全球化背景下，各国之间的经贸关系日益密切。据统计，目前中国的对外开放度（某一时期的进出口总额与 GDP 之比）已超过 70%。安特维勒（Antweiler，1998）等以贸易开放度来衡量一个国家或地区的对外开放程度。所谓贸易开放度，指的是同一产品的国内市场价格与国际市场价格的比值。该值越接近于1，这说明该国或该地区的对外开放度越高；反之，则对外开放度越低。以此判断，中国很多产品的贸易开放度接近于1，有些甚至高于1，即在出口退税等贸易鼓励政策下，中国有些产品的国际市场价格甚至低于国内市场价格。如果政府加强环境规制，必然会造成企业生产成本上升。如果企业为了保持原先的利润率水平，产品的最终价格自然会随着生产成本的上升而提高。在其他条件不变的情况下，该产品的国际竞争力会相应降低，从而导致市场份额萎缩，进而导致企业生产规模缩减，有些企业甚至被迫退出该市场。如果在生产成本上升的情况下企业还是保持原来的市场价格不变，以维持原有的市场竞争力和市场份额，必然会压缩其利润空间。在这种情况下，可能会导致企业缩减生产规模，甚至退出市场。可见，在政府环境规制下，不论企业采取何种策略，最终都会导致污染企业生产规模缩减或一些企业退出市场，从而导致生产结构和产业结构更趋绿色化。

如图3－3所示，纵轴P代表某种商品的出口价格，横轴Q代表该商品的出口数量。D为进口需求曲线，MR为边际收益曲线。在实施环境规制前，出口国的边际生产成本为MC_1，按照$MR = MC_1$原则，决定均衡点 $A(P_1, Q_1)$。政府实施环境规制后，为了补偿环境成本(C_1C_2)，出口厂商的边际成本MC_1左移至MC_2，此时的均衡点变为$B(P_2, Q_2)$。进一步观察，虽然价格上升了，但其上升幅度P_1P_2小于出口量减少幅度Q_1Q_2，因此，出口商的总体出口额还是下降了。此时，如果出口厂商为了维持原有的竞争优势，执意将价格、数量维持在点$A(P_1, Q_1)$，但由于实际成本上升，利润最终还是会被压缩。而且，这

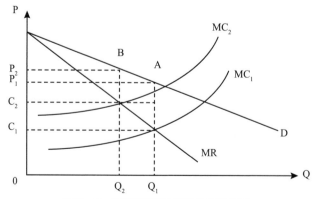

图3－3　环境规制对出口价格的影响

种强行维持出口价格不变的策略还有可能被冠之以倾销的罪名而遭受贸易制裁、引发贸易纠纷。

（3）环境规制对技术创新的影响。传统经济学认为，政府环境规制必然会增加生产企业的私人成本，降低其在国际市场上的竞争力，从而对本国经济增长产生负面影响。但是，20世纪90年代初，美国管理学家迈克尔·波特（Michael Porter，1991）教授却提出了相反的观点：合理设计的、恰当的环境规制会促使企业通过技术创新来部分或者全部消化掉额外增加的遵从成本，甚至可能使企业产生净收益，相对于不受规制或者环境规制强度较低的国家，会增强本国企业在国际市场上的竞争力，对本国经济增长产生积极影响。这一观点被后人称为"波特假说"。

环境规制下企业进行技术创新的必要性或者益处主要有二："创新补偿"和"先动优势"。

第一，"创新补偿"。客观地讲，拥有低成本的生产要素或者生产规模较大的企业并不一定能成为具有较强国际竞争力的企业，而创新则是市场竞争的灵魂。要想成为国际市场上基业长青的企业，就必须保持持续的创新能力。为了满足政府的环境要求，企业必然要增加一定的污染治理投入。这样做的后果，要么是增加总投资规模以保持原有的产出规模，要么是在既定投资规模下相应减少在其他生产经营方面的投入。不论如何，政府环境规制的确会给生产企业带来额外的成本负担，并在短期内不利于企业市场竞争力的提高。为此，企业的必然选择之一就是在既有的生产可能性集下，通过创新来提高效率或者研发新的环保产品，进而提高企业竞争力。

第二，"先动优势"。随着人类环境保护意识的不断提高，世界市场正在向资源节约型和环境友好型方向转变，许多企业正是因为适应了这一转变，生产出更多的"绿色"环保产品才脱颖而出，占领了更多国际市场份额。所以，要想在未来的国际市场站稳脚跟并逐渐扩大市场份额，企业就必须未雨绸缪，及时跟踪国际市场的发展方向，率先在环境保护的技术创新领域（即"绿色"技术创新）有所作为，并争取占据领先地位，保持"先动优势"，开辟更大、更广阔的市场空间。同时，因为技术创新不仅需要大量的人力、物力和财力的投入，更需要大量的时间投入，所以某项技术一旦取得突破，将会在相当长的一段时期内保持领先地位，并给技术创新企业带来长期的、丰厚的垄断利润。

图 3-4 揭示了环境规制对技术创新的影响。图 3-4 中，横轴 X 表示环境质量，纵轴 Q 表示产量，OPM 区域是在现有的环境规制强度和技术水平下的生产可能性集。当环境规制强度较低，环境质量水平处于 X_1 时，处于 $A(X_1, Q_1)$ 点的企业产量仅为 Q_1，并未实现既定环境要求和技术水平下的最大产出——曲线 PM 上的 D 点，存在着较大的效率改进空间。随着政府环境规制强度的增大，环境质量要求从 X_1 提高到 X_2。为了满足国家的环境要求，企业的治污投入必然会增加，进而可能会影响到企业的竞争力。为了消化掉增加的这部分额外成本，变被动为主动，企业必然的选择是通过创新——制度创新或技术创新来改进效率。如果现行制度是完善的，则技术创新成为唯一的选择。此时，在现有生产可能性集 OPM 区域内，企业从 A 点移动到效率更高的 B 点，B 点是在环境质量要求 X_2 下效率最高的点，此时产出增加到 Q_2。创新行为不仅会促使企业在现有环境要求下提高生产效率，更有可能的是，创新行为，特别是技术创新会使企业产出突破现有的环境要求和产出的最大可能性集 PM 曲线，将生产可能性集扩展到 OPN 区域内。这就意味着，在同样的环境要求和生产要素投入水平下，产出会增加，从而在生产可能性集 OPN 区域内，企业生产从 B 点移动到产出更高的 C 点。这样一来，政府环境规制的加强，不仅会促使企业提高生善经营效率，而且从长远来看，更有可能会通过刺激技术创新保持本国企业的"先动优势"，从而保证企业在激烈的国际竞争中处于领先地位。通过以上分析可见，政府环境规制的加强从以下两个方面带来产出的增加：一是效率提高带来的产出增加（$Q_2 - Q_1$）；二是技术革新带来的产出增加（$Q_3 - Q_2$）。

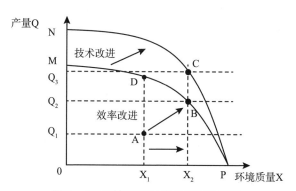

图 3-4　环境规制对技术创新的影响

2. 实证分析

以下我们以技术创新为例，实证分析环境规制对生产者行为的影响机理。

(1) 模型建立与指标解释。为了研究环境规制对技术创新的影响，并消除异方差带来的不良影响，本书建立以下模型：

$$\ln Y = \beta_0 + \beta_1 \ln RZ + \beta_2 ERS + \beta_3 FDI + \beta_4 OS + \beta_5 T + \mu \qquad (3-2)$$

其中，Y 表示技术创新，RZ 表示人力资本，ERS 表示环境规制强度，FDI 表示外商直接投资，OS 表示所有制结构，T 表示时间趋势，β_1、β_2、β_3、β_4 为待估参数，β_0 表示截距项，u 为随机扰动项。

变量指标解释如下：

技术创新 (Y)：技术是经济增长的内在动力，技术创新带来新的生产技艺和高质量的新型产品，从而提高企业在市场上的竞争力，进而增加企业效益。为了研究规制对技术创新的影响并结合数据的可得性，本书技术创新指标采用年度职工人均拥有的专利数表示。

人力资本水平 (RZ)：目前学者们用来衡量人力资本水平的指标各有不同，有的用每万人中高中及以上学历人数来表示，有的用每万人中在校本科及以上学历人数来表示，等等。出于研究的方便和数据的可得性，本书人力资本水平用每万人中专科及以上学历的人数表示。高水平的研发人员通过对技术的吸收、利用，最终将技术转化为产品。因此总体来说，专门从事科技研发的人员数量越多，利用、转化知识的能力越高，研发能力越强。因此，预期该指标的系数为正。

环境规制强度 (ERS)：工业企业在生产过程中会产生一系列的废水、废气、固体废弃物，产生巨大的环境污染，而用于治理工业污染源的投资规模在一定程度上反映出政府的环境规制强度。为了避免工业发展规模对污染治理投资绝对值的影响，此处我们用治理工业污染源的总投资与大中型工业企业的利润总额的比重表示。从目前学者们的已有研究来看，有些研究结果发现政府环境规制促进了企业的技术创新，支持了"波特假说"；但也有些研究发现政府环境规制反而因为较大的遵循成本导致的"挤出效应"，从而抑制了企业的技术创新。还有的研究发现，政府环境规制与技术创新之间并非是简单的线性关系，而是呈现 U 形关系，即环境规制对技术创新的影响存在拐点，在到达拐点之前，环境规制会抑制企业的技术创新；但越过拐点之后，环境规制则会促进企业的技术创新。因此，对该指标的系数符号并不能做出明确的预期。

外商投资的水平（FDI）：本书用外商直接投资与 GDP 的比重表示该指标。外资企业通过技术溢出和本国科学的环境管理体系，促进东道国本土企业技术水平和环境效益的提高，即产生"污染光环效应"。但是，正如"污染避难所假说"所言，由于环境规制强度的不同，会导致污染密集型产业由环境规制强度高的国家转移至环境规制强度弱的国家，从而使后者成为前者的"污染避难所"，加重后者的环境污染。因此，对该指标的系数符号不能做出明确预期。

所有制结构（OS）：本书借鉴陆旸（2011）的做法并进一步改善，用国有及国有控股企业的资产合计与规模以上工业企业的资产合计进行表示所有制结构。国有及国有控股企业在管理监督方面存在一系列问题，而且属于垄断企业，缺乏竞争意识，可能会阻碍创新。但另一方面，国有企业一般具有规模经济和政策支持的优势，又有利于促进创新。因此，对于该指标的系数符号也不能做出明确的预期。

时间趋势（T）：时间序列中往往存在时间趋势，会导致数据的非平稳性，使得回归得出的系数存在偏误，所以引入时间趋势以保证结果的准确性。一般地，随着时间的推移，企业技术创新的水平不断提高。因此，预期该指标的系数为正。

此处我们采用 2000～2015 年的数据，相关数据根据历年《中国统计年鉴》《中国科技统计年鉴》《中国环境统计年鉴》计算所得。

（2）数据的描述性统计，其统计结果如表 3 – 4 所示。

表 3 – 4　　　　　　　　数据的描述性统计结果

变量指标	均值	标准差	最小值	最大值
Y	0.0735	0.0648	0.0132	0.2062
ERS	0.0303	0.0168	0.0106	0.0738
RZ	50.32	27.29	7.5	83.82
FDI	0.0241	0.0112	0.0114	0.0490
OS	0.4771	0.0926	0.3881	0.6657

从表 3 - 4 中可以看出，Y 代表企业的技术创新水平，平均来看，企业的技术创新水平维持在 0.0735 左右，最小值和最大值分别为 0.0132 和 0.2062，分别出现在 2000 年和 2015 年，这也粗略地反映了企业技术创新能力不断提高的趋势。环境规制强度（ZRS）、人力资本（RZ）、外商投资水平（FDI）、所有制结构（OS）的平均值分别为 0.0303、50.32、0.0241、0.4771，但人力资本的标准差为 27.29，说明该指标的波动浮动比较大，而其他几个指标的波动幅度较小，数据相对较稳定。

（3）实证检验分析。第一，协整检验。在研究时间序列的过程中，如果一个序列有单位根，那么在很多情况下，通常的大样本正太近似便不再有效，得出的分析可能存在伪回归的现象。所以，为了使模型回归分析更具有稳定性和准确性，我们使用 ADF 检验法来检验每个变量是否平稳和是否存在单位根，并选用滞后 3 阶对原数列进行单位根检验，检验结果如表 3 - 5 所示。

表 3 - 5　　　　　　　　　　原数据单位根检验结果 P 值

分类	lnY	ERS	lnRZ	OS	FDI
无截距无时间趋势	0.9997	0.0016 ***	0.0001 ***	0.0015 ***	0.0004 ***
仅有截距项	0.9659	0.0138 **	0.9803	0.0014 ***	0.0142 **
有时间趋势和截距项	0.0703 *	0.7859	0.5428	0.1561	0.9770

注：* 表示在 10% 的水平上拒绝原假设，即该序列不存在单位根，是零阶单整，即 I(0)；** 表示在 5% 水平上拒绝原假设；*** 表示在 1% 水平上拒绝原假设。

从表 3 - 5 中可以看出，每序列中都有带 * 的一项，所以所有的序列在 10% 的显著水平上都是零阶单整的，即原数据都是平稳的。并通过对回归后的残差进行单位根检验，得出的 P 值是 0.03，在 5% 水平上显著，是零阶单整 I(0)，所以数据是协整的。

第二，回归结果分析。将前面的相关指标数据利用 EViews 6.0 软件进行回归操作，回归结果见表 3 - 6。

表 3 - 6   OLS 回归结果

自变量	检验结果	自变量	检验结果
C	-7.307 ** (2.689)	lnRZ	0.601 * (0.296)
ERS	-0.184 *** (0.049)	OS	0.086 ** (0.031)
FDI	0.383 ** (0.150)	T	0.292 *** (0.025)
观测次数 N R^2	16 0.99		

注：* 表示在 10% 的水平上拒绝原假设，即该序列不存在单位根，是零阶单整，即 I(0)；** 表示在 5% 水平上拒绝原假设；*** 表示在 1% 水平上拒绝原假设。因变量为技术创新水平（Y）。

从回归结果来看，环境规制的系数为负，且在 1% 的水平上显著。当环境规制力度上升 1% 时，使得创新能力下降 18.4%。可能的原因是环境规制给企业带来了较大的遵循成本，从而在投资规模既定的条件下挤占了用于技术创新的投资，及产生了"挤出效应"；或者也可能是虽然政府环境规制强度在不断提高，但其对企业造成的规制压力并不足以促使其通过技术进步来满足政府的环保目标，企业的排污成本仍然低于为了应对政府环境规制要求而进行技术创新的成本支出。所以，即使政府环境规制力度增强，其对企业的技术创新仍然产生了负面影响。

外商直接投资对企业创新具有正向溢出效应，外商直接投资每增加 1%，企业技术创新水平将增加 38.3%，因此并不能简单地认为外商直接投资带来环境污染，更应该注重外商直接投资对创新的积极作用。这说明在引进外资的过程中，结合了中国的产业升级和结构调整政策，对外资的流入结构进行了适当地引导和控制，引导外资进入了政府鼓励和支持发展的包括高新技术产业在内的产业和领域，中国引进外资不再盲目地"挖到篮子里就是菜"，而是进入了更为理性的、良性的轨道。本结论也验证了"污染光环假说"。

人力资本与技术创新水平正相关，人力资本水平每提高 1%，企业技术创新水平提高 60.1%，人力资本对技术创新具有显著的正向影响。

人力资本是影响技术创新的最为基础和关键的因素，没有人才，技术创新就成为无源之水，无本之木。人力资本的多少客观上决定着技术创新的速度和水平。本研究的结论与人们普遍的认知一般研究结论相符。

所有制结构对技术创新也具有正向作用，国有及国有控股企业资产占比每提高 1%，技术创新水平将会提高 8.6%，且在统计上较为显著。这意味着虽然国有企业由于其垄断地位而缺乏竞争意识，不利于技术创新，但另一方面，国有企业雄厚的资金力量、政策支持、规模经济等优势对技术创新却发挥了积极的正向作用，而且后者的正向作用大于前者的负面影响，最终使得以国有及国有控股企业资产占比表示的所有制结构对技术创新发挥了正向作用。

3.1.3 环境规制通过影响政府行为来改善环境质量

1. 理论阐释

环境规制的主体是政府，是政府为了保障人与自然的和谐发展而提供的一种公共服务。但是，环境规制实施的结果，反过来会对政府环境规制提出更高的要求，从而产生一种循环强化效应，提高环境规制效果。

（1）政府的环境规制政策提高了公众的环境保护意识。环境是一种公共物品，其消费过程具有非排他性和非竞争性的特征。环境污染行为的私人成本小于社会成本，因而如果没有相关法律法规的制约，私人一般不会自觉约束其污染行为；而环境保护行为的私人收益小于社会受益，因而如果缺乏必要的激励制度，私人从事环境保护的积极性会比较低。所以，环境保护是需要由政府提供的一项必要的公共服务，政府通过制定一系列的法律法规鼓励人们积极从事环境保护工作。一般地，公众的环境保护意识主要来自两个方面。

第一，面对环境污染时公众自身的本能反应。正如环境库兹涅茨曲线（EKC 曲线）所展现的，在收入水平比较低的发展阶段，努力解决温饱问题是人们的主要目标；随着收入水平的提高，在温饱问题业已解决的基础上如何提高生活质量成为人们新的关注重点，其中包括提高人类赖以生存的环境质量。面对随着经济的快速发展而日益严重的环境问题，人们的环境保护意识会自发提高，20世纪六七十年代在西方国家兴起的环境保护运动率先从普通民众开始就是一个很好的例证。但是，这种内在的、本能的环保反应视人们对环境的敏感度不同而有所差异，从而使不同人的环境保护行为变得参差不齐，环境保护的作用有限。

第二，政府环境规制政策的导向作用。当政府将环境保护上升到法律的高度，通过制定一系列规章制度强制性约束人们的环境污染行为时，环境保护就走上了常态化、制度化、规范化的轨道。此时，人们的环境行为不再仅仅是出于本能反应，而是更多地受到来自外界的强有力的制度约束，并且对于破坏环境或保护环境的行为后果拥有明确、稳定的预期。在这种情况下，消费者和生产者的环境保护意识不断增强，产品结构和产业结构越来越向节能环保方向发展，消费者的消费方式和消费结构越来越环保、健康，整个社会将越来越形成一种注重环境保护的理念和氛围。其中，环境保护的非政府组织（NGO）的迅速发展就是一个很好的例证。NGO，英文"non-government organization"一词的缩写，是指在特定法律系统下，不被视为政府部门的协会、社团、基金会、慈善信托、非营利公司或其他法人，不以营利为目的的非政府组织。NGO在全球范围的兴起始于20世纪80年代。随着全球人口、贫困和环境问题的日益突出，人们发现紧紧依靠传统的政府和市场还无法解决人类的可持续发展问题。作为一种回应，NGO迅速成长并构成社会新的经济增长极。不仅如此，相对于民众的本能反应，政府环境规制的作用更加稳定、持久、可靠。

（2）公众环保意识的提高有助于强化政府环境规制。政府自上而下的环境规制在提高全社会环境保护意识的同时，也对政府自身产生了一定影响。随着环境保护意识的提高，"绿色"消费、"绿色"生产越来越成为人们的一种习惯反应，环境保护氛围日益浓厚。公众环境意识的提高主要表现在：对环境问题的参与感增强、非政府环境保护组织的发展、媒体对环境保护的重视和积极参与等。据中国社会调查事务所（SSIC）1999年在北京、上海、天津、广州、重庆、武汉等地开展的专题调查显示，在成功访问的785位城市居民中，对于惩治腐败、加强法制、控制物价和解决贫富不均等问题，环境保护仅次于惩治腐败，位列最受公众关注问题中的第二位，分别有66.3%和28.9%的人对环境保护表示出了非常关注和比较关注。① 在这种情况下，整个社会对环境质量的期待越来越高，从而对政府环境规制提出了更高的要求，迫使政府进一步加大环境规制力度，从而使政府环境规制形成一种良性循环强化效应，放大了环境规制的效果。具体过程如图 3 - 5 所示。

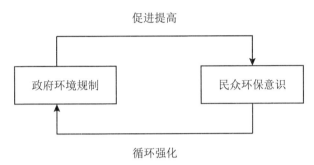

图 3 - 5　政府环境规制的循环强化效应

2. 实证分析

鉴于环境公共产品的性质，在环境保护过程中，政府毫无疑问是最主要的主体，而政府行为对环境质量的影响很大程度上通过其对环境治理投资体现出来。尽管环境污染治理投资既包括政府投资，也包括社会投资，但政府的环保投资无疑是主体，也发挥着重要的主导作用。因此，本研究将以环境污染治理投资这一指标代理政府的环保行为，对政府行为对环境质量的影响机理进行深入的实证检验。

（1）模型建立与指标解释。实证分析的目的在于研究政府行为对环境质量的影响，回归模型如下：

$$Y = \alpha_0 + \alpha_1 ECI + \alpha_2 CJ + \alpha_3 FDI + \alpha_4 NJ + \mu \qquad (3 - 3)$$

其中，Y 表示环境质量，ECI 表示环境污染治理投资，CJ 表示产业结构，FDI 表示外商直接投资，NJ 表示能源结构，α_1、α_2、α_3、α_4 为待估参数，α_0 为截距项，μ 为随机扰动项。

模型中各指标含义如下：

环境质量（Y）：采用第 4 章 4.2.3 中运用 DEA 方法计算的环境规

---

① 王化，曹东，王金南等. 环境信息公开：理念与实践 ［M］. 北京：中国环境科学出版社，2002：86.

制绩效值结果。该绩效值越大，意味着环境质量越高；反之，则环境质量越低。

环境污染治理投资（ECI）：指在治理工业污染源和城市环境基础设施建设的投入资金中，用来形成固定资产的那部分资金。目前，我国环境污染治理投资由三部分组成：城市环境基础设施建设投资、工业污染源治理投资和建设项目"三同时"环保投资。城市环境基础设施建设投资主要指用于城市污水管道的铺设改建、生活污水处理设施、生活垃圾处理、粪便处理设施和城市园林绿化等方面的投资，属于城市基础建设层面；工业污染源治理投资主要是用于对已经产生的气体、液体、固体等污染物的治理，起到"事后处理"作用；新建项目"三同时"项目投资是为了预防项目建设将会带来环境污染而强制性规定的一部分项目预算资金，对环境质量起到"预防"的作用。为了消除因经济规模差异造成的研究结论的偏差，我们采用环境污染治理投资额占 GDP 的比重来表示这一变量。一般地，环境污染治理投资越多，环境质量将会越好。因此，预期该指标的系数为正。

外商投资水平（FDI）：根据 2019 年 3 月 15 日第十三届全国人民代表大会第二次会议通过《中华人民共和国外商投资法》的规定，外商投资，是指外国的自然人、企业或者其他组织（以下称外国投资者）直接或者间接在中国境内进行的投资活动，包括下列情形：一是外国投资者单独或者与其他投资者共同在中国境内设立外商投资企业；二是外国投资者取得中国境内企业的股份、股权、财产份额或者其他类似权益；三是外国投资者单独或者与其他投资者共同在中国境内投资新建项目；四是法律、行政法规或者国务院规定的其他方式的投资。为了保证研究结论的客观性，我们采用外商直接投资的相对值——实际利用外商直接投资额占 GDP 的比重来表示外商直接投资水平。外商直接投资将会在两个方面对东道国的环境质量产生影响：一是将东道国作为"污染避难所"，将本国的污染密集型产业转移到东道国，从而加重东道国的环境污染；二是外商直接投资企业也会带来先进的技术和科学的环境管理体系，从而产生"污染光环效应"，提高东道国的环境质量。因此，对该指标的系数符号不能做出明确预期。

产业结构（CJ）：亦称国民经济的部门结构，是指国民经济各产业部门之间的关系以及各产业部门内部的构成。社会生产的产业结构或部门结构是在一般分工和特殊分工的基础上产生和发展起来的。研究产业结构，主要是研究生产资料和生活资料两大部类之间的关系；从部门来看，主要是研究农业、轻工业、重工业、建筑业、商业服务业等部门之间的关系，以及各产业部门的内部关系。本书采用第二产业 GDP 占总 GDP 的比重来表示产业结构。一般地，环境污染主要来源于第二产业，因此第二产业的比重越高，环境污染将越严重。因此，预期该指标的系数为负。

能源结构（NJ）：指能源总生产量或总消费量中各类一次能源、二次能源的构成及其比例关系。在这里，我们仅统计能源的消费量，而不考虑其生产量。同样的，NJ 也是一个相对量，它表示的是煤炭消费在总的能源消费中的占比。因为化石能源是重要的污染源，因此，预期该指标的系数为负。

（2）数据来源。此处实证研究所采用的数据主要来自国家统计局网站（http：//www.stats.gov.cn/）以及 2001～2017 年《中国统计年鉴》。其中，实际利用外商直接投资经汇率调整为以人民币计价，汇率来自国家统计局网站。

（3）数据的描述性统计，其统计结果如表 3 - 7 所示。

表 3 - 7 数据的描述性统计结果

变量指标	均值	中值	最大值	最小值	标准差
y	1.0467	1.0300	1.1600	0.8900	0.0887
ECI	0.0133	0.0128	0.0184	0.0099	0.0023
NJ	0.6891	0.6920	0.7250	0.6370	0.0294
FDI	0.0241	0.0214	0.0490	0.0114	0.0112
CJ	0.4542	0.4575	0.4756	0.4093	0.0169

从表 3 - 7 可以看出，环境质量（Y）均值为 1.0467，最大值为 1.1600，最小值 0.8900。基本呈现逐年递增的态势，表示环境质量近年来是在不断改善的；环境污染治理投资额占 GDP 的比重（ECI）均值为 0.0133，最大值和最小值分别为 0.0184 和 0.0099。近几年来变化幅度较小，国家对环境污染治理的投资额虽然逐年增加，但其相对于 GDP 所占的比例来说变化并不是很大。煤炭消费在总能源消费中的占比

（NJ）均值为 0.6891，最大值和最小值分别为 0.7250 和 0.6370，这一数值在近几年呈现下降趋势，原因在于人们意识到煤炭会对环境造成极大的污染，所以逐渐减少煤炭的消费，转而采用一些清洁能源；外商直接投资占 GDP 的比重（FDI）均值为 0.0241，最大值为 0.049，最小值为 0.0114。随着我国对外开放程度的不断加深，积极引进外资，外商直接投资的 GDP 占比在逐年提高；第二产业 GDP 占总 GDP 的比重（CJ）均值为 0.4542，最大值和最小值分别为 0.4756、0.4093，随着产业结构的转型，国家大力发展第三产业，尤其是近几年来，第二产业的 GDP 占比不断下降，该数值在总体上也基本呈现下降的态势。

（4）单位根检验。在研究时间序列的过程中，如果一个序列有单位根，那么在很多情况下，通常的大样本正态近似便不再有效，得出的分析可能存在伪回归的现象。所以，为了使模型回归分析更具有稳定性和准确性，在此我们使用 ADF 检验法来检验每个变量是否平稳和是否存在单位根，并选用滞后 3 阶对原数列进行单位根检验，检验结果如表 3-8 所示。

表 3-8　　　　　　　　　　原数据单位根检验结果 P 值

分类	Y	ECI	NJ	FDI	CJ
无截距无时间趋势	0.0003 ***	0.3223	0.8047	0.0004 ***	0.0921 *
仅有截距项	0.0083 ***	0.0025 ***	0.3299	0.0142 **	0.0166 **
有时间趋势和截距项	0.0128 **	0.0472 **	0.0009 ***	0.9770	0.0522 *

*表示在 10% 的水平上拒绝原假设，即该序列不存在单位根，是零阶单整，即 I(0)；**表示在 5% 水平上拒绝原假设；*** 表示在 1% 水平上拒绝原假设。

从表 3-8 中可以看出，每序列中都有带 * 的一项，所以所有的序列在 10% 的显著水平上都是零阶单整的，即原数据都是平稳的。

（5）结果分析，OLS 回归结果如表 3-9 所示。

表 3-9　　　　　　　　　　OLS 回归结果

变量	Coefficient	Std. Error	t - Statistic	Prob.
C	3.6739	1.8693	1.9654	0.0489
ECI	1.4375	2.6538	0.5417	0.2136

变量	Coefficient	Std. Error	t – Statistic	Prob.
NJ	– 9. 7181	4. 2569	– 2. 2829	0. 0433
FDI	12. 5554	5. 3124	2. 3634	0. 0376
CJ	– 15. 0053	7. 0593	– 2. 1256	0. 0386

　　表 3 – 9 展示了多元线性回归结果。从回归结果可以看出：能源结构、外商投资水平和产业结构对环境质量具有显著的影响作用，其中，能源结构和产业结构与环境质量呈负相关，外商投资水平与环境质量呈正相关。城市化水平与环境质量有不显著的负相关关系。

　　第一，回归结果显示环境污染治理投资对环境质量并没有明显的正向作用。可能原因在于：一是从其占 GDP 的比重分析，其占比虽然呈现逐年增加的趋势，但是一直在 1% ~ 1.5% 这一区间范围内，与发达国家提出的有效控制环境污染的投资规模差距（3% ~ 5%）还比较大。因此，总体治理投资规模还是偏低，尚处于环境污染治理的初级阶段，需要进一步加大投资，才能进而改善环境质量。二是通过对环境污染治理投资额结构进行分析，发现从环境污染治理投资中用于城市环境基础设施建设的投资和建设项目"三同时"项目投资二者合计，历年来占投资总量的 80% 以上，一部分原因是国家明确要求在新建项目的同时环境保护投资不得低于建设项目投资的 7%，另一部分原因是人们对城市生活环境的环境质量要求越来越高。所以导致工业污染源治理投资力度不足，没有对环境质量的改善起到积极的促进作用。所以，在同时考虑这两方面的情况下，并不能得出环境污染治理投资额的提高对环境质量具有显著的正向作用这一结论。

　　第二，在能源消费中，尤其是煤炭燃烧，所排放的烟尘和二氧化硫等废弃严重污染了大气，使得人们的生存环境受到破坏和污染。我国是发展中国家，国民经济的快速发展，需要充足的能源供应，在能源消费总量稳步增加的情况下，能源消费结构必然对环境空气质量产生重要的影响。若煤炭消费在总能源消费中占比增加，毫无疑问，会对环境造成破坏，使得环境质量下降。

　　第三，外资的进入对我国环境质量起到了正的改善效果。大致有以下两点可能原因：一是外资进入的行业选择原本就受到我国引资政策的指引与限制。例如，2007 年我国政府颁布实施的《外商投资产业指导目录》中，外商投资企业被限制或禁止进入高能耗与高排放领域，同时又被鼓励进入循环经济、清洁生产、可再生能源和生态环境保护以及资源综合利用等领域。煤炭采选业、金属矿采选业等资源密集型行业中外资企业所占比重都相对较低。二是与我国本土企业相比，由于跨国公司往往执行全球统一的严格环境标准，因此跨国公司的海外投资可能对我国的企业产生环保标准的外溢效应，从而有助于减少我国的污染排放，"污染光环效应"得以实现。

第四，产业结构对环境质量产生负的影响，由于本书所采取的指标是第二产业 GDP 占总 GDP 的比重，也就是说第二产业 GDP 占比越高，环境质量将会越差，与预计相符。第二产业是传统产业经济理论中对产业划分中的一个产业部门，指以对第一产业和本产业提供的产品（原料）进行加工的产业部门。主要包括制造业、采掘业、建筑业等，在加工制造过程中会造成工业烟尘、二氧化硫等污染物的大量排放，从而对环境质量造成巨大破坏。因此，应该通过促进企业技术进步、扶持新兴产业和加速产业间技术转移升级等政策措施，大力推动产业结构的优化升级，从而降低第二产业的对环境的破坏。

3.2 环境规制通过影响区域
协调来改善环境质量

作为一种公共产品，甚至是一种全球性公共产品，环境的改善有赖于我们所有人、所有地区，甚至是所有国家的共同努力。"短板效应"（buckets effect），又称"木桶理论"或"木桶效应"，是由美国著名经济学家彼得教授所提出，其原义为：一个木桶装水的多少取决于箍成木桶的多块木板中最短的一块。该理论的延伸含义为：一个国家或地区经济社会发展水平的高低很大程度上取决于发展较为缓慢的地区。"短板效应"在环境领域的表现更为突出。污染物排放具有很强的空间溢出效应，或者说环境污染行为较强的负外部性导致"城门失火，殃及池鱼"的现象普遍发生。原因是，污染物，不论是大气污染物还是水污染物都有着很强的流动性，一个地区的环境污染会带来其他地区甚至全国环境质量的下降。同样，一个国家环境污染的加重会不利于全球环境质量的改善。所以，要想改善整个国家或者全球的环境质量，需要不同地区、不同国家的共同努力，通过区域间、国家间的协同合作，共同促进整体环境质量的改善。

3.2.1　环境规制通过影响资源流动促进区域协调来改善环境质量

中国是一个疆域大国，不同地区由于经济、政治、自然、历史等因素的影响，区域间发展差异较大，表现在环境领域就是不同地区的污染物排放水平、治污技术、治污资金投入、治污人才等存在较大的差异。以环境库兹涅茨曲线（EKC）为例，有的地区能够在经济发展水平较低处到达拐点，且拐点位置较低，EKC 曲线较为扁平；而有的地区则相反，只有在经济发展达到较高水平时才到达拐点，且观点位置较高，EKC 曲线较为陡峭。可想而知，与前者相比，后者为经济发展付出了更多的环境成本，经济发展效率相对较低。不仅如此，由于后者环境污染的加重，使得前者在环境保护方面取得的成绩大打折扣，整体环境质量因为"短板效应"而降低。

解决环境领域的"短板效应"问题，需要做的一项必要的、也是重要的工作是中央政府从国家整体利益出发，通过一系列环境规制政策，促进各种资源自环境质量高的地区流向环境质量低的地区，帮助后者更好地节能减排，改善环境。主要包括：

（1）环保资金的区域间流动。必要的、充足的资金是进行环境保护的重要保障和有力支撑。有些地区的环境质量较差，很重要的一个原因是缺乏必要的资金投入。所以，中央政府可以借助于其特殊的、能够站在更高层次控制全局的政治和经济权力，一方面，通过财政转移支付的方式，将财政资金更多地向环境质量较差的地区倾斜；另一方面，可以通过出台一系列财政和货币优惠政策，鼓励社会资本投资于环境质量较低地区的环保领域，从而为其改善环境质量提供更加充足的资金保障。

（2）技术的区域间流动。从一定程度上讲，绿色技术创新是节能减排的关键。正如"波特假说"所言，之所以短期内环境规制会增加企业成本，降低产业国际竞争力，很大原因是短期内企业难以实现技术上的突破。但从长期来看，随着资金、人才、知识等的积累，企业会在技术创新方面取得突破，从而提高资源利用效率，减少污染物排放，降低成本，进而提高其国际竞争力。所以，国家应采取必要的措施，鼓励和支持先进的绿色技术向环境质量较低地区转移，从而为其改善环境提供有力的技术支持。在这方面，国家可供采取的措施有：国家出资进行绿色技术研发，或国家出资购买绿色技术，并免费提供给地方，特别是环境质量较低地区使用；国家对向环境质量较低地区转让绿色技术的地区或企业给予财政补贴（如退税政策）或其他优惠政策；等等。

（3）人才的区域间流动。人，是生产力诸因素中最能动、最活跃的因素，在科学技术日新月异、信息技术飞速发展的 21 世纪，人才仍然是技术创新和社会进步的最终决定者和推动者。要从根本上解决环境质量较低地区的污染问题，根本上还是取决于人才的作用，包括技术人才、生产经营的管理人才，甚至是政府行政人员。而人才的培养非一朝一夕之功。如果仅仅依靠自己独立培养人才，不仅需要花费大量的人力、财力和物力，更需要花费大量的时间，而在这一过程中，资源浪费和环境污染可能会日趋严重，甚至会使人类社会面临资源枯竭和环境污染超过环境承载阈值，从而使得经济社会发展不可持续。"他山之石，可以攻玉。"国家应该采取切实可行的措施，鼓励相关人才自环境质量较高的地区流向环境质量较低的地区，由传统的"输血"支援改为"造血"支援，从根本上帮助后者提升其环境保护能力，尽可能发挥后发优势，避免发达地区"先污染，后治理"的发展路径，提前跨越环境库兹涅茨曲线的拐点，更好地实现经济社会的可持续发展。

（4）经验教训的区域间借鉴。"前车之辙，后车之鉴。"一般地，环境质量较高的地区在发展过程中也会经历环境库兹涅茨曲线所描述的发展路径，尽管不同地区因为各自的具体情况不同，可能该曲线的具体形状，如拐点出现的早晚、拐点的高度和曲线的扁平或陡峭程度不同，但很难摆脱经济发展与环境污染的倒 U 形关系。在治理环境污染的过程中，发达地区积累了成功的经验，当然也经历了失败的教训。不管是成功经验还是失败的教训，对后来者来说都是很好的借鉴。发达地区成功的环保经验和先进的环保制度，可以更好地帮助落后地区发挥后发优势，在尽可能短的时间内缩短与发达地区的差距；而发达地区在环保方面失败的教训，则可以帮助落后地区尽可能避免前人所走过的"弯路"，减少经济社会的发展成本，以比发达地区更小的代价实现经济社会的可持续发展。所以，国家要积极鼓励和支持发达地区向落后地区传授经验教训，促进后者更快、更好地提升环境质量。当然，各地区的具体情况不同，在借鉴他人的经验教训的同时，注意不能照搬照抄，应当根据自己的实际情况，具体问题具体分析，制定符合自己具体情况的政策措施，才能发挥事半功倍的效果。

3.2.2　环境规制通过对跨区域污染的协调治理来改善环境质量

就环境污染来看，有些污染物的排放局限于某一行政区域之内，其影响范围也主要是在该行政区域，这种污染的治理可以主要由本地区环境规制机构负责。但是，有许多的环境污染行为却是跨行政区域的，譬如一些流经多个省区的大江、大河的水污染问题、严重的沙尘污染、无霾污染等。跨区域的环境治理更容易存在"搭便车"问题，更有甚者，有些地区为了追求本区域 GDP 的增长，不仅在环境规制过程中存在"逐底竞争"现象，甚至以邻为壑，为了本地区的经济增长不惜损害周边或下游地区的利益，因为本地区的排污而加重了周边或者下游地区的环境污染，让其他地区承担了本该由污染排放地区的环境成本，造成了环境负担和污染治理上的事实上的不公平。对此，中央政府有责任也有义务通过建立全国层面的统一的区域协调机构，建立科学的区域间协调治理机制，本着"谁污染污染，谁付费"或者"谁污染，谁治理"的原则，在明确各地区责任和义务的基础上，采用刚性和柔性相结合的组织形式，进一步增进区域间协调与合作，加大区域间空间规划和协调力度，倡导和鼓励各地区从全局利益出发，强化自律精神，树立"绿水青山也是金山银山"的生态观念，积极加强环境治理，从而促进本地区，并进而促进全国环境质量的提升，促进生态文明建设。

3.2.3　环境规制通过差异化规制政策促进区域协调来改善环境质量

如前所述，在经济分权和现行主要以 GDP 为考核指标的地方政府政绩考核体系下，将主要精力放在发展经济上是地方政府的理性选择，而这样一来，不可避免地会忽略环境保护、医疗、教育、社会公平等公共产品的提供，使得经济在快速增长的过程中，付出了过多的环境等社会成本，甚至导致了环境规制"逐底竞争"现象的大量出现。为此，不断强化环境规制成为国家的必要选择。

但是，不同地区的经济发展水平、资源环境的特点和环境承载能力等存在较大的差别。如根据兰宗敏和关天嘉（2016）的测度，我国环境承载能力最高的省份是最低省份的 36 倍。可想而知，如果实行"一刀切"的环境规制政策，其效率必然会大打折扣，从而难以实现预期的环境目标。因此，国家该在严格控制污染物总量的前提下，根据不同地区的资源环境特点和环境承载能力，实行差异化的环境规制政策，在不同地区确定不同的规制强度、规制重心和规制方向，从而在切实保障环境逐渐优化的同时，尽可能地破解"资源诅咒"，将资源丰裕地区的资源环境优势转化为生产力优势，实现经济与环境的"双赢"。

差异化的环境规制政策是因为不同地区的不同情况而实施的不同的规制政策。但是，实践是不断变化发展的，各个地区在发展过程中，其经济、社会等特征也会发生相应的变化。此时，相关的规制政策也要进行相应的调整，以与变化了的实践相适应。也就是说，环境规制政策要因时因地而异，才能发挥其最佳的效果，最大程度上实现其规制目标。

3.3 本章小结

政府环境规制主要通过以下两个方面影响环境质量：一是通过影响市场主体的行为来影响环境质量。如：环境规制对消费者产生的收入分配效应会使得消费更加环境保护，消费方式更趋健康；环境规制对生产者产生的产品结构调整效应和创新补偿效应，会使得生产更趋清洁化，产业结构日趋高级化、合理化，绿色技术创新有利于提高企业的竞争力；环境规制对政府规制的循环强化效应有利于在环境规制和环境质量的改善之间形成一种良性循环，进而放大政府环境规制效果。二是环境规制通过促进区域协调发展来影响环境质量。如：环境规制可以促进资金、技术、人才等生产要素在区域间的流动和经验教训的区域间借鉴，帮助落后地区发挥后发优势，尽可能避免"先污染、后治理"的发展

路径，最大限度地减少经济发展的环境成本；区域间环境规制协调机制
的建立有利于协调不同区域的利益，实现跨区域的联合环境治理；体现
不同区域资源环境特点和环境承载能力的差异化环境规制政策的实施，
有利于将不同地区的资源环境优势转化为生产力优势，实现经济与环境
的"双赢"。相关的实证分析也验证了这一结论。

67

第4章 中国环境规制绩效区域差异的典型化事实

中国的环境规制经历了从无到有、从弱化分散到逐渐加强和系统的过程。在这一过程中，中国的环境规制机构逐渐建立和发展，环境规制法律法规不断健全和完善，环境规制方式和规制工具日益丰富，规制投入不断加大，环境规制日益规范化、制度化和常态化。政府环境规制的实施，有效遏制了环境质量恶化的趋势。但是，毋庸讳言，中国的环境规制仍存在一些不容忽视的问题，这也是下一步我们优化政府环境规制，提高规制绩效必须正视的问题。

4.1 中国环境规制的沿革

4.1.1 中国环境规制的历程

中国的环境规制自20世纪70年代逐渐深入发展。以下本书将从环境规制机构、环境规制的法律法规、环境规制方式和环境规制的财政投入四个方面阐述中国的环境规制历程，并简要分析在这一过程中取得的成就和存在的问题，从而为接下来的分析奠定基础。

1. 环境规制机构的建立与发展

环境规制机构是根据经济社会的发展和环境状况，制定和执行环境保护的相关规章制度，制定环境保护的规划或计划，依法从事环境保护，促进经济和环境"双赢"的国家行政机构，是政府环境规制的行政主体。在环境规制过程中，规制机构的设置是否科学合理、规制机构及其构成人员是否独立于相关行政机构或被规制对象，规制机构是否具有足够高的行政权威以及是否具有必需的行政执法能力，都对环境规制绩效具有重要影响。

新中国成立所面临的首要任务是尽快恢复和发展国民经济，使人民的生活水平尽快得到提高。当时中国的生产力水平较低，对资源环境的利用和破坏也较少，经济社会发展几乎感受不到来自资源环境的制约。与此相对应，政府的环境规制相对匮乏。但是，从世界范围看，20世纪30~70年代，西方国家经济快速发展的同时，也给环境造成了极大破坏，并导致了一系列骇人听闻的环境事件，世界环境保护运动风起云涌。在这一背景下，1972年6月，中国政府派代表团参加了在瑞典首都斯德哥尔摩召开的联合国第一次人类环境大会，标志着中国环境保护事业正式起步。

第一次联合国环境大会之后，1972年国家计划委员会成立国务院环境保护领导小组筹备办公室，具体负责并着手筹备国家环境保护机构，该领导小组最终于1974年10月正式成立，这是中国成立的第一个正式的、专门的环境保护机构，该机构主要负责制定国家环境保护规划、环境保护的方针政策，并监督相关制度的贯彻和执行。与此相适应，各省、自治区和直辖市也设立了类似的环境保护机构。

改革开放之后，随着经济的快速发展，自然资源的消耗大大增加，环境污染不断加重，频繁爆发的环境事件不断提醒人们：加强环境保护迫在眉睫。在此背景下，政府环境规制力度不断加大，体现在规制机构方面，就是环境规制机构日益独立化，并且其规格日益提高：从最初的国务院环境保护领导小组发展到城乡建设环境保护部（1982年成立），再到国务院直属的国家环境保护总局、环境保护部。国家环境规制机构建立和发展的具体情况如表4-1所示。

表4-1　　　　　　　国家环境规制机构的建立和发展

时间	机构变更	备注
1972年	国务院环境保护领导小组筹备办公室	设在国家计划委员会
1974年	国务院环境保护领导小组成立	

续表

时间	机构变更	备注
1982 年	撤销国务院环境保护领导小组，成立城乡建设环境保护部	环境规制具体工作由该部下属的环境保护局负责
1984 年	成立国务院环境保护委员会	办事机构设在城乡建设环境保护部
	国家环境保护局成立	国务院环境保护委员会的办事机构，仍隶属于城乡建设环境保护部
1988 年	城乡建设环境部环境保护局改为国家环境保护局	副部级
1993 年	全国人民代表大会成立环境保护委员会	中国首次在立法机关设立环境保护机构
1998 年	撤销国务院环境保护委员会，国家环境保护局升格为国家环境保护总局	正部级
2008 年	国家环境保护总局更改为环境保护部	正部级
2018 年	国家环境保护部更改为中华人民共和国生态环境部	正部级

资料来源：根据以下列文献及网站资料整理：张瑞．环境规制、能源生产力与经济增长 [D]．重庆大学博士学位论文，2014；中华人民共和国环境保护部网站，http：//www.zhb. gov.cn/。

2. 环境规制法律法规的建立和健全

环境规制法律法规是国家立法机关或环境规制机构所制定和出台的一系列旨在减少或消除环境污染、保护生态环境、实现经济社会可持续发展的法律法规。法律法规是规制机构行政执法的依据，中国自古以来就有关于环境保护的相关法律规定，如殷商时期就有禁止在街道上倾倒生活垃圾的规定，而且视其为犯罪。《韩非子·内储说上》载："殷之法，弃灰于公道者断其手。"战国时，商鞅在秦国实行变法，也制定了"步过六尺者有罚，弃灰于道者被刑"的法律。[①] 而在今天政府大力提倡建设法治社会的背景下，依法行政更显示出必要性和重要性。不仅如此，健全的法律法规也是社会各界环境保护意识增强和政府环境规制强

---

① 转引自周厚丰．环境保护的博弈 [M]．北京：中国环境科学出版社，2007：48．

化的重要体现。

具体而言，中国环境规制法律法规的建立和健全大体经历了以下几个阶段：

第一阶段：环境规制法律法规相对匮乏时期（1978 年之前）。

如前所述，改革开放之前，由于中国经济发展水平低以及对环境的破坏相对较少，政府主要致力于迅速恢复和发展经济，对环境的关注相对较少，制定出台的环境保护的法律法规也相对较少。

在此阶段，环境规制方面的法律法规主要包括：1951 年劳动部制定了《工厂安全卫生暂行条例（草案）》，1973 年制定了《工业 "三废" 排放试行标准》，以上两部规章都包含了大气污染防治的内容。《自来水水质暂行标准》（1955）、《关于注意处理工矿企业排出有毒废水、废气问题的通知》（1957）则对防止水污染做出了规定，而《工厂安全卫生规程》（1956）、《治安管理处罚条例》（1957）则对防止噪声污染做出了详细规定，前者对工厂的各种噪声源规定了防治措施，后者则对城市中发出较大噪声影响居民休息，并拒不接受制止者做出了处罚规定。

第二阶段：环境规制法律法规逐渐丰富和发展（1978 年之后到 20 世纪 90 年代初）。

这一时期，一系列重要的环境保护法律法规相继出台，中国的环境保护工作开始纳入法制化轨道，并且相关法律法规日益丰富和发展，环境规制不断跃上新台阶。1973 年，中国在北京召开了全国第一次环境保护会议。会议之后，国务院颁布了《关于保护和改善环境的若干规定（试行草案）》，从此，中国的环境保护事业迈出了关键性的一步。1978 年修订的《中华人民共和国宪法》第一次对环境保护作出了规定："国家保护环境和自然资源，防治污染和其他公害"，关于环境保护的规定第一次进入了中国的根本大法，显示出中国对于加强环境保护工作的重视。1979 年，第五届全国人民代表大会常务委员会第十一次会议原则通过了《中华人民共和国环境保护法（试行）》①，对环境污染的防治做了原则性规定。环境保护法的颁布，标志着中国的环境保护事业进入了法制化轨道。之后，《水污染防治法》（1984）、《大气污染防治

① 该试行法案于 1989 年 12 月正式通过，并于 2014 年 12 月通过修订。

法》（1987）、《环境噪声污染防治条例》（1989）等法律法规相继颁布实施。进入 20 世纪 80 年代，中国先后召开了两次全国环境保护会议，环境规制不断强化。1983 年召开的第二次全国环境保护会议，正式将环境保护列为中国的基本国策，第一次在战略高度上确定环境保护工作的指导方针。1989 年召开的第三次全国环境保护会议，把第二次会议制定的大众方针具体化，形成了"预防为主、防治结合"，"谁污染谁治理（1989 年调整为谁污染谁付费）"和"强化环境管理"三大政策体系，并制定了"八项制度"①，为解决环境问题提供了政策保障。

第三阶段：环境规制法律法规逐渐健全和系统化（20 世纪 90 年代初至今）。

1992 年党的十四大召开，确立了中国经济体制改革的目标是建立社会主义市场经济体制，标志着中国的经济体制改革开始进入社会主义市场经济体制框架构建阶段。西方国家市场经济发展的实践证明，市场经济本身即是法制经济，市场经济越发达、越成熟，法制也会越加健全和完善。因此，社会主义市场经济体制的改革目标明确之后，中国的法制建设也跃上了一个新的台阶，与环境规制相关的法律规章制度逐步健全和完善。

1992 年后，为履行对巴西里约热内卢世界环境与发展大会的承诺，中国政府在国家环保局和外交部组织下起草了《中国环境问题十大对策》。十大对策突出的改变在于环境保护工作不再仅仅限于污染治理、生态环境的恢复等领域，而是将环境保护与经济发展结合起来，确立了环境保护与经济发展相协调的观点，即可持续发展。为了进一步贯彻落实可持续发展战略，1994 年，国家发布了《中国 21 世纪议程——中国 21 世纪人口、环境与发展白皮书》，从人口、环境与发展三个维度，详尽阐述了可持续发展的总体战略与路径选择，这也是世界上第一个编制国别《21 世纪议程》的国家，充分显示了中国勇于承担世界环境保护责任的信息和决心。之后，中国先后召开了第四次（1996 年）、第五次（2002 年）和第六次（2006 年）全国环境保护大会，并相继出台了

---

① "八项制度"分别是：环境保护目标责任制、城市环境综合整治定量考核制度、污染集中控制制度、限期治理制度、排污收费制度、环境影响评价制度、"三同时"制度、排污申报登记与排污许可证制度。

《污染物排放总量控制计划》《全国生态环境建设纲要》《全国生态环境保护纲要》《环境影响评价法》《跨世纪绿色工程规划》等一大批法律文件。

3. 环境规制方式的演变

环境规制方式是指政府为了保护环境所采取的方式方法，包括所采用的具体环境规制工具。根据规制的主体以及强制力的变化，环境规制方式经历了由单一的正式环境规制到正式和非正式环境规制并存的发展变化过程。

（1）正式环境规制。从世界各国环境规制的实践历程来看，按照政府对经济主体（主要是企业）排污行为的不同控制方式，环境规制经历了命令—控制型环境规制（command and control，CAC）、基于市场的激励型环境规制（market-based incentives，MBI）和自愿型环境规制（environmental self-regulation，ESR）三种方式。不过，目前各国仍然以命令—控制型环境规制为主。中国的环境规制方式变迁与世界其他国家类似。

第一，命令—控制型环境规制（command and control，CAC），是最早被世界各国所采用的一种环境规制方式，也是中国最早采用的环境规制方式。所谓命令—控制型环境规制，是指政府为了实现一定的环境目标，通过立法或行政命令的方式制定污染排放标准或治污技术标准，并强制企业遵循，否则将会面临法律的惩处或行政处罚。中国命令—控制型环境规制主要包括以下几种主要工具："三同时"制度、环境影响评价制度（environmental impact assessment，EIA）[①]、限期治理制度、污染

---

　　① 环境影响评价制度起源于美国，其核心内容是政府要求在确定对环境有重大影响的计划、规划、开发项目时，必须编写环境影响报告书。美国《国家环境政策法》（1969）规定，对人类环境质量有重大影响的每一项建议或立法建议或联邦的重大行动，都要进行环境影响评价。但以下两种情况除外：一种是法律另有专门规定的；另一种是为处理某种紧急事态而采取的措施或依法进行的特殊行为，如环境保护局为保护环境采取的行动，国防和外交方面某些秘密事项等。中国于1978年在制定的《关于加强基本建设项目前期工作内容》中提出了进行环境影响评价的问题，成为基本建设项目可行性研究报告中的一项重要内容。1979年9月发布的《中华人民共和国环境保护法（试行）》将这一内容制度化、法律化。2002年10月，中国制定了《环境影响评价法》。

物排放浓度控制和总量控制制度①、排污许可证制度②。除此以外，污染集中控制、城市环境综合整治定量考核也属于命令—控制型环境规制工具。命令—控制型环境规制虽然操作起来简单易行，但"一刀切"的规制方式降低了被规制对象选择更有效的方式方法减少排污的激励，加之信息不对称，环境规制机构的成本有效性被大大降低。因此，自1972 年 OECD 提出"污染者付费原则"（polluter pays principle，PPP 原则）之后，基于市场的激励型环境规制开始受到各国政府的关注。

第二，基于市场的激励型环境规制（market-based incentives，MBI）。1972 年，OECD 环境委员会提出了"污染者付费原则"（Polluter Pays Principle，PPP 原则）。所谓 PPP 原则，是指污染者必须承担污染削减费用的环境保护原则。经过 40 多年的环境保护实践，PPP 原则已经成为当今国际和国家环境政策的基石，被各国政府作为环境保护领域的一项基本政策原则得到认可，并且作为 PPP 原则的具体表现形式的各种环境规制政策也相继在各国提出并加以实践应用，基于市场的激励型环境规制正是在这一基础上提出来的。基于市场的激励型环境规制紧密利用市场机制，借助市场信号来引导企业做出行为决策，其主要特征在于为经济主体提供了选择和采取行动的自由，可以使排污者通过选择对其自身来说最为经济有效的方式来实现企业目标。激励性环境规制主要有税费规制（pollution taxes）与可交易许可证规制（tradable pollution permit）两种工具。

税费规制是建立在庇古（Arthur Cecil Pigou，1932）的外部性理论基础之上的，强调用政府干预的方式解决环境问题，因此也被称为庇古

---

① 长期以来，中国环境规制主要采取的是污染物浓度控制，浓度达标即合法。但随着经济规模的增大，污染源排放规模加大，即使污染排放浓度符合国家要求，但由于污染物排放总量不断增大，达到甚至超过了环境承载阈值，环境质量仍然趋于恶化。在此情况下，转而实行污染物总量控制制度，该制度自 20 世纪 70 年代末由日本提出，之后在日本和美国得以广泛实行，并取得了良好效果。中国自 20 世纪 90 年代中期开始实行这一制度。

② 排污许可证制度是指环境规制机构在核定污染物排放总量的基础上，对企业排污的种类、数量、性质、去向等进行审查许可的环境规制制度。企业要在许可证允许的范围内排污，否则将受到惩处。1987 年，国家环保局首先在上海、杭州等地进行排污许可证制度试点，之后在 1989 年第三次全国环境保护会议上，排污许可证制度被作为一项环境规制的新制度提了出来，并一直贯彻至今。目前，中国主要在水污染防治和大气污染防治两方面采用排污许可证制度。排污许可证的发放方法有三种方式：无偿分配、拍卖和作价销售，中国一般采用后两种方式。

手段。税费规制是一种基于价格的环境规制手段，其核心内容是：污染物排放的私人成本和社会成本存在差异，政府应根据这一差额向排污者征收税费（或者向环境保护者提供补贴），从而将外部性问题内部化，达到资源配置的帕累托最优，实现经济效益和环境保护的"双赢"，这种税收也被称为"庇古税"。这种基于价格的手段在欧洲国家得到成功应用，因此也称为欧洲型的环境手段。税费规制将排污单位的经济效益和社会效益、环境效益直接挂钩，激励排污单位在最大化经济效益的同时，以较小的代价实现政府期望的社会效益和环境效益，实现三者的有机结合。税费规制的意义主要有三：一是给予了排污单位更多的选择权，有利于提高其管理效益。当面临缴纳排污费（税）还是减少产量、减少排污的选择时，税费规制可以促使排污单位减少产量以减少排污。二是税费规制可以刺激排污单位进行技术创新。为了减少排污费（税）的缴纳，排污单位另一种可能的选择是通过技术创新来减少污染物排放，从而促进技术进步。三是税费规制可以为政府提供更多环境保护资金。环境保护是一项投资巨大的工程，单靠政府提供的资金远远不够，还需要全社会的关注和支持，特别是污染者更应为此付出应有的努力。排污收费（税）实行专款专用，由环境保护部门和财政部门统筹管理使用，重点支持污染排放大户的污染治理。

税费规制具体包含两种工具：排污收费制度和环境税制度①。排污收费制度，是指直接向环境排放污染物或超标排放污染物的排污者，依照法律或有关规定按标准缴纳费用的制度。中国是最早实行排污收费制度的国家之一。1978 年中国根据"污染者付费"原则提出了排污收费制度，1979 年颁布的《环境保护法（试行）》正式规定了该制度。《环境保护法（试行）》第 18 条规定：排污单位"超过国家规定的标准排放污染物，要按照排放污染物的数量和浓度，根据规定收取排污费。"此后，《水污染防治法》《大气污染防治法》《环境噪声污染防治法》《固体废物污染环境防治法》等法律都对这项制度做出了规定。经过 40 多年的发展和完善，排污收费制度已成为一项比较成熟有效的环境规制制度，在中国环境规制体系中居重要地位。

但是，新制度经济学的代表人物科斯（Ronald H. Coase）却在其

---

① 中国目前尚未开征独立的环境税，因此本书只对排污收费制度进行分析。

《社会成本问题》（1960）一文中对庇古的排污收费（税）理论提出了批评："庇古所建议的路径是不恰当的，原因在于这会导致不必要的或甚至通常是不受欢迎的结果。"实践中，税费规制也存在以下问题：一是排污的社会成本与私人成本难以准确界定和衡量；二是税费规制没有考虑税费的分担问题。因此，科斯认为采用收税（费）或提供补贴的办法并不能有效解决外部性问题，需要基本方法的改变。①

可交易许可证规制也称为可交易排污许可证规制，是一种基于总量的环境规制手段，其理论基础是科斯的产权理论。科斯认为，如果初始产权界定是清晰的，不论产权如何配置，只要交易收益大于交易成本，都会实现有效率的结果。20世纪60年代中期，约翰·戴尔斯（John Dales，1968）在科斯定理的基础上提出了排污权交易理论，设计用可交易的排污许可证在排污单位之间分配污染权来解决环境污染问题，即允许排污单位将实际排污量低于核定的排污量之间的差额部分出售给减排成本比较高的排污单位。这对卖方来讲，不仅可以给予其通过技术创新或强化管理等方式减少排污的激励，而且通过出售污染权还可以获得一部分收益；而对买方来讲，通过以低于自身减排成本的价格买入一定的排污权，可以有效降低减排成本。所以从整体效益来看，实现了资源配置的帕累托改进。戴尔斯的这一理论在加拿大安大略省治理水体污染的实践中付诸实施，并由蒙哥马利（Montgomery，1972）验证了它的有效性。可交易许可证制度在美国得到了有效实施，因此也被称为美洲型的环境手段。中国自1988年开始该项制度的试点。1988年，国家环保局颁布的《水污染物排放许可证管理暂行办法》第21条规定："水污染物排放指标，可以在本地区的排放单位之间互相调剂。"1993年，大气污染物排放许可证交易在太原、包头等多个城市进行试点。可交易许可证制度作为一种借助于市场机制控制污染的环境规制制度，有助于以最低的成本实现既定的环境目标，具有较强的成本有效性。不过，该制度在中国还处于试点阶段，并未全面推开。

第三，自愿型环境规制（Environmental Self-regulation，ESR）。科斯将环境污染的外部性与产权联系在一起，认为外部性的存在是由于产权界定不清晰而导致市场主体无法进行自由交易，从而无法将外部性内

---

① 臧传琴. 环境规制工具的比较与选择［J］. 云南社会科学，2009（6）：97–102.

部化。如果产权界定是清晰的，那么市场主体间的自由交易将消除外部性现象。但是，产权界定也是需要成本的，如果产权界定成本大于产权清晰的收益，那么将不存在产权，外部性问题的存在是必然的；如果产权界定成本小于产权清晰的收益，那么将会有清晰的产权存在，外部性问题会内部化。因此，外部性问题表面上看是产权界定不清的原因，实质上是背后过高的交易费用阻碍了产权的清晰界定。因此，解决外部性问题的关键是设计一种制度，这种制度能够降低制定和执行产权的交易成本。制度是一种社会规则，它旨在约束和规范市场主体的交易行为，减少市场交易的不确定性和交易成本，提高市场效率。制度包括正是制度和非正式制度。前面提到的许可证规制、污染物排放总量控制和浓度控制、税费规制等均属于正式制度。但正式制度的制定和执行成本较高，且需要相对充分的信息。因此，在某些情况下，一些非正式制度，如自愿型环境规制作为正式环境规制制度的补充和辅助方式就具有较强的必要性了。自愿型环境规制是指在政府环境保护理念和政策的影响下，排污单位与环境规制机构达成协议，自愿采用新技术或新设备减少污染物排放，或者公开自己的污染信息，接受环境规制机构和公众的监督。自愿型环境规制主要有 ISO 14000 认证和环境标志两种工具。

　　ISO 14000 认证是在当今人类社会面临严重的环境问题（如：温室效应、生物多样性的破坏、海洋污染等）的背景下，由国际标准化组织 ISO/TC207 负责起草的一个系列的环境管理标准，是工业发达国家环境管理经验的结晶，其基本思想是引导组织按照 PDCA[①] 的模式建立环境管理的自我约束机制，从最高领导到每个职工都以主动、自觉的精神处理好自身发展与环境保护的关系，不断改善环境绩效，进行有效的污染预防。ISO 14000 是一个非强制性标准，各市场主体可以自主决定是否参加。它在指南中明确指出："本指南将以自愿使用为原则……"不要求每个市场主体都必须严格执行，建立、实施、申请认证 ISO 14000，

77

---

　　① 所谓 PDCA，即是计划（Plan）、实施（Do）、检查（Check）、行动（Action）的首字母组合。无论哪一项工作都离不开 PDCA 的循环，每一项工作都需要经过计划、执行计划、检查计划、对计划进行调整并不断改善这样四个阶段。采用 PDCA 可以使管理向良性循环的方向发展。PDCA 循环是能使任何一项活动有效进行的一种合乎逻辑的工作程序，特别是在质量管理中得到了广泛的应用。

完全是市场主体的自愿行为。由于 ISO 14000 环境管理体系有助于帮助企业更好地实现节能减排、清洁生产，从而竖立良好的企业形象的目标，所以自发布之日起即得到了广大企业的积极响应，被视为进入国际市场的"绿色通行证"。而另一方面，ISO 14000 的推广和普及可以提高人们的环境保护意识，推动"绿色"消费和"绿色"技术创新，有助于实现经济社会的可持续发展。因此，ISO 14000 体系也受到了各国政府和民众的普遍关注。中国自 1996 年正式引入 ISO 14000 认证制度，并尝试对通过该认证的单位在环保贷款、环保认证、单位评优等方面给予优惠政策，成为环境行为评价的重要内容。

环境标志起源于 20 世纪 70 年代末的欧洲，亦称绿色标志，是指由政府部门或第三方组织项有关企业颁发的一种环境标志证书，该证书证明企业的产品从设计、生产到销售甚至是消费都是符合环保要求的，有些产品消费之后甚至还可以进行回收和再利用。实施环境标志认证，实质上是对产品从设计、生产、使用到废弃处理处置全过程（也称"从摇篮到坟墓"）的环境行为进行控制。因此，它能从各个维度促进环境保护：一是有助于提高消费者的环境保护意识，促进绿色消费。环境标志通过向消费者传递产品的环保信息，引导消费者选择和购买环保产品。二是环境标志有利于促进生产企业改善产品结构，进行清洁生产。在市场竞争日益激烈的情况下，消费者消费倾向和消费结构的"绿色"化，会引导生产企业采用新技术、新设备和新工艺进行清洁生产，从而使生产过程日益节能环保，产品结构趋于"绿色"化。三是环境标志有助于提升产品的国际竞争力，跨越国际贸易壁垒。在世界贸易组织（及其前身——关税与贸易总协定）的努力下，各国的关税壁垒日益减少，而包括环境壁垒在内的非关税保护措施却不断增加。在这一背景下，环境标志可以有效地帮助企业跨越贸易伙伴国家的非关税壁垒，增强其在国际市场上的竞争力，促进产品出口。据调查，德国推出的一种不含汞、镉等有害物质的电池，在获得蓝色天使（德国环境标志）认证之后，贸易额从 10% 迅速上升到 15%，出口英国不久就占据了英国超级市场同类产品 10% 的市场份额。1994 年 5 月，中国环境标志产品认证委员会成立，负责对"绿色"产品进行权威认证，并授予产品环境标志，以鼓励广大企业积极开发、生产有益于环境和人体健康、资源节约的产品，鼓励和引导消费者使用环境标志产品，促进"绿色"消费。

（2）非正式环境规制。所谓非正式环境规制，是指在正式环境规制缺乏或者强度较弱、效果不理想的情况下，社会民众或非政府环境保护组织（ENGO）为了提高环境质量自发采取行动，通过谈判或协商的形式要求企业减少污染排放的现象。而企业考虑到其社会形象以及污染事故曝光后可能引致的市场份额萎缩，也会慎重对待民众的环境诉求。一般地，非正式环境规制主要通过以下方式展开：社会民众或非政府环保组织向环境规制机构举报企业的环境违法行为，或者向政府或环境规制机构施加压力，要求提高环境规制强度以减少污染物排放；向企业提供经济援助，支持企业增加治污设施或研发治污技术以减少污染物排放；促使立法机关加强环境保护立法工作，促进环境法律法规的建立健全；从事科学研究事业，并将绿色技术免费或低价提供给政府或企业；免费举办各种形式的培训班、宣讲会等，向民众或企业普及环境保护知识，提高社会的环境保护意识；等等。在这方面，世界最大的民间环境保护组织——"绿色和平组织"为我们提供了很好的例证。它不仅从资金上支持过丹麦和瑞典企业的生态改造，而且雇用了大批科学家从事环保科学研究，并将其研究成果提供给相关国际组织，为国际环境保护事业做出了卓越贡献。

非正式环境规制并非由政府组织实施，因而不具备强制力，其规制效果受人们的收入水平、人口密度、受教育水平、年龄结构等因素的影响。一般地，人们收入水平越高、受教育水平越高以及年轻人对环境质量的要求越高，从而非正式环境规制越强；而人口密度越大的地区，受环境污染事件影响的人口越多，从而非正式环境规制越强。另外，相对于发达国家，发展中国家的环境规制体系和环境规制力度较弱，从而对非正式环境规制的需求越高。而从中国的实践来看，受经济发展阶段的影响，虽然目前各种形式的非正式环境规制尚不够多，作用也不够突出，但是值得高兴的是，随着经济的快速发展和环境污染的日益加重，中国民众的环境保护意识正在不断增强，人们通过向规制机构举报、媒体曝光、参与听证会、向政府或环境规制机构提出合理化建议等各种方式积极参与到环境保护事业中，社会民众在环境保护中的作用日益凸显，从而使得作为正式环境规制的有益补充的非正式环境规制的作用在不断增强。

4. 环境规制投入的变化

如前所述，作为一种公共产品，环境保护工作主要由政府来提供。尽管政府进行环境保护的方式方法有所不同，但从世界环境保护的实践发展来看，各国政府都是环境保护工作的主要倡导者和推动者。在庞大而又复杂的环境保护系统中，环境规制投入无疑是最具有基础性和支撑性的作用，它对于政府环境政策的贯彻落实以及环境质量的最终改善在很大程度上具有决定性作用。环境规制投入的多少，反映了政府对环境保护的重视程度以及环境规制强度的高低。所谓环境规制投入，是指国家为保护环境所投入的人力、物力和财力。一般地，财力投入最终会体现在人力和物力的投入上，或者说人力投入和物力投入是财力投入的体现，财力投入越多，相应的人力和物力投入就越多；反之亦然。因此，本书将重点分析环境规制的财力投入。

中国环境规制的财力投入根据投资主体及投资渠道的不同，可以分为以下两个阶段：

第一阶段：单一投资主体（或投资渠道）阶段（1973 年至 20 世纪 80 年代初）。

在 1973 年召开的第一次全国环境保护工作会议之后，国家开始日益关注并加大了环境污染的治理力度。但是，受当时的计划经济体制和对环境问题认知程度的限制，中国环境保护的治理投资基本来自国家财政预算，在国务院环保领导小组统一指导下，通过各工业部门和省市下达安排。据不完全统计，1973 ~ 1981 年由国家财政安排治理资金 5.04 亿元。[①]

相对于社会或私人环境保护投资，政府投资的特点或者说优点表现为：一是强制性。尽管环境保护需要的投资巨大，投资周期很长，而且近期经济效益不显著，但从长远来却是实现可持续发展所必需的。因此，通过相关法律法规，政府会强制进行环境投资。二是稳定性。通过相关法律法规以及行政规章的规定，环境规制投入的规模、方式、程序等具有一定的稳定性，受经济、社会、人为等因素的影响相对较小。三是引导性。政府投资除却实现既定的经济、社会和环境目标外，还具有较强的导向作用，有利于引导社会资金流向政府期望的目标。四是平衡

① 张坤民. 中国环境保护投资报告 [M]. 北京：清华大学出版社，1992：2.

性。政府从全局利益出发，在进行环境规制投入时，会充分考虑不同地区的经济发展水平和环境污染状况，综合平衡在各地区的投资规模，尽量弥补各地区因自身财力的差异造成环境规制投入的较大差异，保证国家整体环境质量的改善。

因此，在 20 世纪 80 年代初，中国的环境规制投入主要来自国家财政，并在一些污染严重、社会反映强烈的污染源治理方面取得了一定成绩。但总体来看，由当时的经济发展水平所决定的国家财力有限，政府能够用于环境规制的资金投入有限，难以满足环境保护的要求。

第二阶段：多元投资主体（或投资渠道）阶段（20 世纪 80 年代初至今）。

20 世纪 70 年代末，环境问题日益严重和国家财力有限的矛盾更加突出，迫使人们意识到，单靠国家财政一条渠道无法满足环境保护的资金需求，而且这一做法会使企业、行业和部门逃避污染防治责任，不利于调动全社会的力量从事环境保护工作。因此，在 1972 年 OECD 提出"污染者付费"原则之后，中国在 1979 年的《环境保护法（试行）》中也明确提出了"谁污染谁治理"的政策。因此，在 20 世纪 80 年代初，中国的环境规制投入的发展进入了第二个阶段，即借助法律法规和行政规章，明确了相关企业、行业和部门的环境责任，通过实施"三同时"制度、排污收费制度等，实现了投资主体和投资渠道的多元化。

综上所述，中国的环保投资格局发生了很大的转变：由单一投资主体（或投资渠道）转向多元投资主体（或投资渠道）。应当指出的是，这一转变与中国经济体制改革的大背景密切相关。一是随着财税体制改革的推进，税收分为国税和地税两部分，地方政府有了自己的"财权"之后，必然要相应地承担包括环境治理等的责任，从而相应推进了投资体制改革，使得投资主体和投资方式多样化了；二是企业自主权逐渐扩大，企业正由过去的政府附属物角色转变为自主经营、自负盈亏、自我发展和自我约束的真正的市场竞争主体；三是国家财政投入占国内生产总值的比例趋于下降，国家预算内投资占全社会固定资产投资的比例明显下降，而随着地方和企业的财力的迅速增强，其在全社会固定资产投资中的比例则明显提高。经济形势的变化迫使国家环境规制投资政策做出相应调整，调整的方向和内容是：环境保护投资由过去主要由国家财政负责转向主要由污染企业负责，即实行污染者付费原则。

20 世纪 80 年代以来，随着国家经济实力的增强和环境规制强度的提高，中国的环境规制投资有了快速增长，环境污染治理投资总额由 1981 年的 25 亿元①增长到 2013 年的 9516.5 亿元②，增长了 380 多倍。中国环境规制的投入状况如表 4-2 所示。

表 4-2　　　　　　　　2000～2013 年中国环境规制投入状况

年份	环境污染治理投资			环境污染治理设施		环保系统人数	
	总额（亿元）	增长率（%）	占 GDP 比率（%）	总量（套）	增长率（%）	总量（人）	增长率（%）
2000	1014.9	—	—	209987	—	131092	—
2001	1106.7	4.3	1.0	195251	-7.0	142766	8.9
2002	1367.2	23.2	1.1	200607	2.7	154233	8.0
2003	1627.7	19.4	1.2	202332	0.9	156542	1.5
2004	1909.8	17.3	1.4	211225	4.4	160246	2.4
2005	2388.0	25.1	1.3	214274	1.4	166774	4.1
2006	2566.0	7.5	1.2	230387	7.5	170290	2.1
2007	3387.3	32.0	1.4	240535	4.4	176988	4.0
2008	4937.0	32.6	1.5	252889	5.1	183555	3.7
2009	5258.4	0.8	1.4	253507	0.2	188991	3.0
2010	7612.2	47.0	1.7	267733	5.6	193911	2.6
2011	7114.0	-9.4	1.3	307963	15.0	201161	3.7
2012	8253.5	37.0	1.6	311586	1.2	205334	2.1
2013	9516.5	—	1.6	—	—	212000	3.3

注：环境污染治理投资指在污染源治理和城市环境基础设施建设的资金投入中，用于形成固定资产的资金，其中污染源治理投资包括工业污染源治理投资和"三同时"项目环保投资两部分。环境污染治理投资为城市环境基础设施投资、工业污染源治理投资与"三同时"项目环保投资之和。环境污染治理设施包括工业废水治理设施和工业废气治理设施两部分。因为自 2000 年开始，中国环境投入指标的统计口径发生了变化，因此本表只显示了 2000 年以来的数据。

资料来源：作者根据历年《中国统计年鉴》《中国环境统计年鉴》《中国环境统计公报》整理。

<hr>

① 张坤民．中国环境保护投资报告 [M]．北京：清华大学出版社，1992：4.

② 《中国环境统计公报（2013）》。

从表 4-2 可以看出，2000~2013 年中国在环境规制方面的投入呈现出不断增加的趋势。其中，环境污染治理投资总额（财力投入）由 1014.9 亿元增加到 9516.5 亿元，增长了 9.4 倍，年均增长 19.4%，远超过中国经济增长的速度。环境污染治理投资占 GDP 的比重也呈现出不断增加的趋势，由 1.0% 增加到 1.6%。与环境污染治理投资增加的趋势相适应，环境污染治理设施（物力投入）和环保系统人数（人力投入）均呈现出不断增长的趋势。究其原因主要是：一是国家经济实力的增强。改革开放 40 多年来，中国经济实现了年均 10% 左右的快速增长，为环境规制投入的增加奠定了坚实的经济基础。二是国家环境规制强度的提高。经济的快速增长带来了日益严重的环境污染，环境问题成为中国经济社会进一步发展的瓶颈，在国际社会加强环境保护的呼声日益高涨的背景下，中国的环境规制不断增强，环境投入不断增加。

4.1.2　中国环境规制存在的问题

中国在环境规制过程中付出了很大努力，也取得了许多成绩。但是，毋庸讳言，相对于在环境方面的投入，环境质量的改善却是有限的。

从表 4-3 可以看出，2001~2015 年，中国在环境规制方面的资金投入在大部分年份里增长率都比较高，2010 年甚至比上年增长 47%。尽管个别年份有所波动，但 15 年间仍然保持了年均 16.3% 的增长速度，远远超过同期 GDP 9.0% 的增速，说明中国在环境规制方面给予了比经济增长更多的关注和支持。但是，从污染物排放的控制来看，政府大量的环境规制投资并未取得等同的效果。统计期间内，除却单位 GDP 工业固体废物排放减少较为明显（年均 31.1%），超过了环境规制投资的增长外，单位 GDP 的废水排放量和工业废气排放量年均减少分别为 8.4% 和 1.9%，大大低于环境规制投资的增长率，特别是单位 GDP 工业废气的排放量的减少微乎其微，15 年间有 5 年甚至在增加。如果将上述三个污染物排放指标综合起来看，其年均减少率为 13.8%，仍然低于同期环境污染治理投资 16.3% 的年均增长率，从这个角度来说，持续增加的环境污染治理投资并未带来环境质量的同步改善，环境规制绩效仍存在较大的改善空间。

表 4 - 3   2000～2015 年中国环境规制投入与污染物排放变动状况   单位：%

年份	环境污染治理 投资增长率	单位 GDP 废水 排放减少率	单位 GDP 工业废 气排放减少率	单位 GDP 工业固体 废物排放减少率
2001	4.3	5.5	-5.0	17.8
2002	23.2	7.5	0.7	17.0
2003	19.4	7.4	0	34.7
2004	17.3	10.7	-2.1	21.4
2005	25.1	5.9	2.7	19.1
2006	7.5	12.7	-5.5	32.6
2007	32.0	15.7	4.6	25.0
2008	32.6	12.9	11.6	44.4
2009	0.8	4.9	0.8	16.0
2010	47.0	11.0	-0.8	42.9
2011	-9.4	9.7	-10.9	25.0
2012	37.0	5.8	14.7	66.7
2013	15.3	6.9	4.3	33.3
2014	0.6	4.8	4.1	57.5
2015	-8.0	5.2	8.9	13.3
平均值	16.3	8.4	1.9	31.1

资料来源：根据历年《中国环境统计年鉴》《中国统计年鉴》《中国环境统计公报》整理。

　　如果说"环境污染治理投资"既包括政府财政投资也包括社会资本投资，并不能很好地说明政府环境规制投入的话，那么，我们接下来用"财政环境保护支出"这一指标来代理"政府环境规制投入"，进一步深入分析政府环境规制绩效。

　　近年来，随着环境问题日益严重，我国政府用于环境保护方面的财政支出迅速增加。从图 4 - 1 可以看出，2007～2015 年[①]，由于受美国

----

　　① 财政支出科目近年来发挥生了几次变化：2006 年之前，财政用于环境保护方面的支出列入"城市维护建设支出"中；2007～2010 年，该项支出列入"财政环境保护支出"；2011 年以后，则列入"节能环保支出"。为了保证数据的一致性和可比性，此处我们使用 2007 年以来的数据进行分析。

次贷危机引发的全球性金融危机的影响，中国经济增速放缓，或者说中国经济进入了"新常态"，并带来了财政总支出和财政环境保护支出的增速下滑，二者分别从 2008 年的 25.74% 和 45.75% 下降到了 15.87% 和 25.87%，分别下降了 9.87 个百分点和 19.88 个百分点。但是，财政环境保护支出年均增长率仍然高达 22.31%，不仅远远超过了同期 GDP8.64% 的年均增长率，而且超过了财政总支出 17.22%[①]的年均增长率。这说明，面对经济增速放缓，政府保护环境、建设生态文明、实现经济可持续发展的战略目标依然明确而坚定，在实行扩张性经济政策刺激经济增长的同时，仍然给予了环境保护更多的关注和支持。

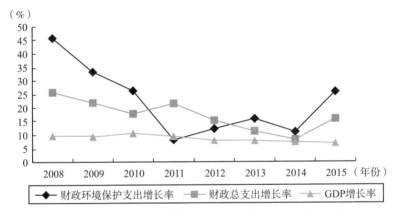

图 4 - 1　2007 ~ 2015 年中国财政环境保护支出增长状况
资料来源：根据历年《中国统计年鉴》《中国环境统计年鉴》的相关数据计算所的。

　　那么，大量的政府财政环境保护支出绩效如何？是否实现了预期的环境目标？是否带来了环境质量的同步改善？为了更深入地对此问题进行分析，我们进一步将单位 GDP 污染物排放量的减少速率与财政环境保护支出增长率进行对比分析，如图 4 - 2 所示。因为财政环境保护支出增长率一般为正数，而单位 GDP 污染物排放量的增长率一般为负数，为了便于更直观地比较分析，图 4 - 2 中单位 GDP 污染物排放量增长率均采用其相反数。

---

① 根据《中国统计年鉴（2017）》的相关数据计算所得。

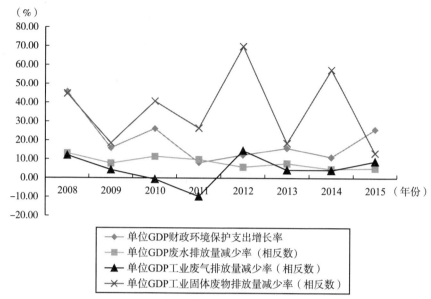

（%）

图4-2　2008~2015年中国财政环境保护支出增长率与污染物排放减少率

资料来源：根据历年《中国统计年鉴》《中国环境统计年鉴》的相关数据计算所的。

86

从图4-2可以看出，统计区间内，除却个别年份外，单位 GDP 工业固体废物排放量的减少率基本都高于单位 GDP 财政环境保护支出增长率，前者年均减少近36%，而后者仅为9%，可以说，在抑制工业固体废物排放方面，环境收益远大于政府环境支出，财政环境保护支出绩效显著。但是，单位 GDP 废水排放量减少率和单位 GDP 工业废气排放量的减少率却仅为8%和5%，低于单位 GDP 财政环境保护支出的年均9%的增长率。可以说，在抑制废水和工业废气排放方面，财政环境保护支出并未获得预期收益。如果将上述三个污染物排放指标综合起来看，其年均减少率为16%，高于财政环境保护支出9%的年均增长率，从这个角度来说，持续增加的财政环境保护支出带来了环境质量的较大改善，环境绩效较为显著。

尽管近年来中国的环境规制绩效较为显著，但毋庸讳言，中国的环境污染仍在不断加重，环境质量仍然令人担忧。究其原因，中国在环境规制过程中仍存在以下问题。

1. 规制机构缺乏独立性，且职能交叉

规制机构的独立性主要包括两层含义：一是规制机构与被规制企业的独立，即我们通常所说的"政企分开"。二是规制机构在实施规制政策时与政府其他相关机构相对独立。一个成功的规制体系应做到政府和规制机构之间的职责分离，即政府设定政策框架，规制机构在这个政策框架内独立进行规制。具体来说，规制机构由具有专业技能的人在不受政治家或行业说客不恰当的干预下贯彻政策，独立管理，并按照特定的运行规则对结果负责。如美国联邦通讯委员会（FCC）共有 5 位委员（多为资深专家），任期 5 年，各交错 1 年任职。委员由总统提名，由国会通过并直接对国会负责，除因重大过失遭受国会弹劾外，总统无权罢免。规制机构采取委员会制将增加特殊利益集团影响或控制政策的成本，从而有利于保持规制机构的独立性。充分的独立性是规制机构从全局和长远出发制定和执行规制政策、尽可能排除相关利益集团或其他政府规制机构不恰当干扰的必要条件。但是，规制机构的独立性所包含的这两层含义在中国都很难实现。第一，从中国现行的行政管理体制来看，很多环境规制机构的政府官员和被规制企业的领导人存在交流关系，即环境规制机构的有些官员来自被规制国有企业，而有些被规制国有企业的领导人则来自相应规制机构的政府官员，行政任职上的"政企不分"现象较为严重。第二，有些环境规制机构的人员（主要是领导人）由政府其他规制机构的领导人组成，在环境执法过程中不可避免地会受到其他规制机构追求自身利益的影响，从而使环境规制的方向、力度等出现一定的偏差。

不仅如此，长期以来，中国的环境规制在实践中多是"分兵作战""具体问题具体分析"，缺乏对环境的全面规制和统筹管理，形成了政出多门、彼此不协调甚至是彼此冲突的混乱局面。如根据现行的法律法规的规定，中国环境资源管理权被分割到土地、农牧、矿产、林业、水利等众多部门，各部门之间职能交叉，权责不清，后果是导致各部门之间争权夺利，而出现问题时却无人负责，环境规制机构"统一监管"的职能难以落实。以至于当出现跨部门、跨行政区域的重大环境污染事件时，不得不由国务院牵头，成立环境保护领导小组，组织和协调各部门或地方的环境保护行政工作。但这种方式具有临时性和滞后性，只是

一种权宜之计，不利于环境保护工作的稳定开展。

随着环境规制体制的变迁，中国的环境规制机构设置也进行了一定的调整和改革。相对于改革前，改革后环境规制机构的独立性增强了，职能分解、交叉的问题得到一定程度的解决，但并未彻底解决。首先，纵向方面，中央层面的机构改革及时、有效，而地方的机构改革相对滞后，部分地方县市区仍保留了城建环保一体化机构设置模式，造成纵向的规制机构重叠。其次，横向方面，不同国家规制机构之间部门设置重叠，职能交叉。如在国家生态环境部已经设立自然生态保护司的基础上，国家林业和草原局又设立了造林绿化管理司、野生动植物保护与自然保护区管理司、森林资源管理司。实际上，国家林业和草原局设立的这三个司的职能可以统一纳入环境保护部的自然生态保护司中。这种横向规制部门之间的职能交叉必然会导致严重的规制"越位"和"缺位"问题并存。

2. 规制法律法规不够健全、成熟

（1）规制体系、制度和方法陈旧。经济转型期中国制度变迁表现出明显的"青黄不接"：计划经济体制下的许多法律法规不能适应新的经济社会形势的需要，而适应市场经济要求的新的法律法规又不能尽快建立起来，从而在某种程度上表现为"制度真空"。如西方国家在20世纪80年代就已开征了二氧化碳税、二氧化硫税等环境税，而且欧洲部分国家已将环境税征收范围由国内扩展到国际，开始征收碳关税，而中国迄今并未开证独立的环境税，只是将环境税的某些功能借助于排污收费或者借助于消费税来实施，未免有"名不正，言不顺"之嫌。在环境规制制度与方法上，中国环境规制过度依赖政府的行政干预手段来解决环境问题，忽视市场调节机制，主要采用命令—控制型环境规制方式，而对基于市场的激励型环境规制方式应用不足。这样做的后果：一是不能充分发挥市场机制对环境资源的基础性配置作用，从而与建立社会主义市场经济体制的改革目标不符，在一定程度上迟滞了改革的进程；二是市场主体对于节能减排的方式方法的自主决策权没有得到应有的尊重，市场主体环境保护的积极性和主动性得不到足够的引导和发挥，政府环境规制的效果大打折扣。

（2）立法不协调甚至相互冲突。由于中国的环境规制职能分散于

多家行政规制机构，政出多门，再加上缺乏统一的立法规划，导致不同的法律法规之间不协调的问题比较突出。如国家法律与地方性法规、不同部门的规章制度、环境法与其他法之间等均存在不协调甚至相互冲突的问题。例如《环境保护法》第37条规定："未经环保行政主管部门同意，擅自拆除或闲置防治污染的设施，污染物排放超过规定的排放标准的，由环境保护主管部门责令安装使用，并处以罚款"。实际上，该条款本身存在以下疑问：第一，虽然未经环保行政主管部门同意，擅自拆除或闲置防治污染的设施，但污染物排放并未超过规定的排放标准是否属于违法？第二，在环保行政主管部门同意拆除或闲置防治污染设施的条件下，污染物排放超过规定的排放标准是否属于违法？第三，如果没有拆除或闲置防治污染的设施，但污染物排放超过国家规定的排放标准是否属于违法？《环境保护法》的该条规定并未给出清楚的解释。但是，依据《标准化法》和《标准化法实施条例》，超标排放污染物无疑是违法行为。类似的法律法规冲突的现象在中国的环境立法中并不鲜见，特别是在国家法和地方性法规之间，这种现象更为突出。地方政府为了促进当地经济发展，经常在国家的法律法规下打"擦边球"，甚至阳奉阴违，为了短期的经济增长而不惜付出较大的环境代价。

（3）有法不依，执法不严。如果说制定一项科学合理的制度是制度建设的前提，那么强有力的执行则是制度建设的保障，是制度建设的生命力。制度之所以对人的行为具有约束力，是以其能被有效地执行为前提的，否则制度就会丧失其约束力，无法对人们的行为产生规范作用。制度被制定出来只是一种静态的、文字的东西，若要对人们的行为产生约束作用，必须要经过严格的执行过程，才能将其转变为能动的、普遍为人们所接受和认可的行为规范，才能给人们一种稳定的行为预期，使人们明确哪些行为是市场和社会所允许和鼓励的，哪些行为是被禁止的，违反公共意愿和公共秩序的行为将会受到什么样的处罚。如此一来，制度才会真正发挥规范人们行为和社会秩序的作用，才真正落实为制度。从这个角度来看，制度的执行比制度的制定更加关键，更加重要。古语云："徒法不能自行"，"天下之事，不难于立法，而更难于法之必行"。而在中国环境规制过程中，有法不依，执法不严的现象并不鲜见。环境规制机构在执法过程中，经常受到来自地方政府的不当干预（地方政府往往为了发展经济而忽视环境），或者受被规制利益集团的影响，放松执法尺度，大事化小，小事化了。英国哲学家培根说过：不被执行的制度不如没有制度。制度不被执行带来的后果，不仅使已有制度形同虚设，浪费了有限的社会资源，更为严重的是，会使政府失去公信力，以后政府制定的制度将更加难以推行。

3. 地方政府环境保护的积极性有待提高

如前所述，在以经济增长率为最主要的竞赛标准的前提下，地方政府的工作必然是主要围绕着经济增长而展开，而包括环境保护、社会公平等在内的其他公共利益目标，则往往被忽视了，尽管这些目标对社会公众和经济的长远发展很重要。现实中我们可以观察到，有的地方因为环境目标并未列入政绩考核体系，或者有的地方虽已列入政绩考核体系，但由于环境指标被赋予的权重较小，对考核结果影响甚微。因此，地方政府在执行与不执行中央政府的环境政策之间，往往会选择后者。而由于信息不对称，处于信息劣势的中央政府并不能有效监督地方政府的行为，环境质量下降将会成为一种必然，重大环境事件的一再发生也就不足为奇了。

4. 信息反馈和监督机制不完善

因为信息的不对称、人的认知能力的有限性等原因，任何一项制度被制定出来都不是完美无缺的，都需要在实践中不断修正，使之逐渐趋向于人们期望的目标。在这一过程中，科学有效的监督和反馈机制是非常必要的，也是非常重要的。首先，要设置必要的监督机构，随时了解制度执行过程中出现的问题及社会反应。监督机构的设置要注意保持独立性，以便使其能以客观公正的立场去发现问题，反映问题。其次，要设置科学的信息反馈机制。信息反馈包括两层含义：一是自下而上的反馈，即监督机构将所了解和搜集的信息反馈给规制机构；二是自上而下的反馈，即规制机构根据监督机构的反馈的问题，对原有制度进行修订，再将修订后的意见反馈给监督机构。在这两个方面，中国环境规制表现得都不够完善。首先，就监督机构的设置来看，监督机构设在环境规制机构内部，实行自我监督，相对于媒体监督、专业的第三方监督和社会民众监督，自我监督的有效性很值得怀疑。而在中国，环境规制过程中专业的第三方监督基本不存在，媒体监督的作用也仅是在重大环境事件发生时才会凸显，普通民众的监督更是微乎其微，即便有听证会之类的民主形式，但大多流于形式，民众的合理诉求没有得到足够的尊重。其次，就信息反馈机制来看，目前存在的问题主要在于，自下而上将问题反映给环境规制机构后，最终的处理结果，如制度如何修正、环境污染责任人如何惩处等不能及时向社会反馈，甚至根本不反馈信息，从而使得信息反馈流于形式。由于监督和信息反馈机制不完善，使得环境规制制度不能得到及时、科学的修订，从而阻碍了环境规制绩效的提高。

4.2 环境规制绩效的测度

对环境规制绩效的区域差异进行分析，首先一项基础性工作就是要对环境规制绩效进行科学测度。环境规制绩效的测度，主要涉及测度指标的确定、测度方法的选择和测度结果的计算三个方面。

4.2.1 测度指标的确定

一般地，测度环境规制绩效的方法主要有两种：一种是用单项指标来测度，如利用单位 GDP 废水排放量、单位 GDP 废气排放量和单位 GDP 固体废弃物排放量来测度环境规制绩效。在其他条件不变的情况下，单位 GDP 污染物排放量越多，则说明环境规制绩效越差；反之，则说明环境规制绩效越好。另一种衡量环境规制绩效的方法是用综合指标进行测度。单指标度量法虽然也能在一定程度上反映环境绩效，但因为指标缺乏系统性和综合性，可能会造成度量结果偏离真实水平，不能客观、全面地反映环境绩效。为了避免单指标度量法的这一缺陷，本研究接下来采用涵盖多指标体系的综合指标来进一步测度财政环境保护支出绩效。尽可能地提高结论的客观性和可靠性，增强结论的说服力。

1. 环境规制绩效测度指标体系构建思路

借鉴国内外学者们的研究方法和成功的实践经验，我们将环境规制绩效测度指标体系分解为以下三个层次：首先，将"环境规制绩效"设为一级指标。然后，根据影响环境规制绩效的相关因素的性质不同进行划分，将其设为二级指标。因为本书主要从环境污染方面来分析环境规制绩效问题，因此，将"三废"排放量、"三废"利用率、"三废"排放达标率或处置率作为二级指标。最后，将影响二级指标的一些具体因素设为三级指标，如"单位 GDP 废水排放量""单位 GDP SO_2 排放量""固体废物处置率""三废"综合利用率等。环境规制绩效测度指标体系的具体构建思路如图 4 - 3 所示。

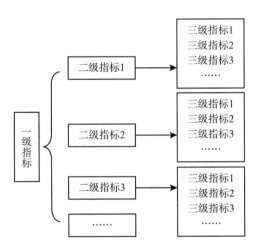

图 4 - 3 环境规制绩效测度指标体系层级构架示意

2. 环境规制绩效测度指标释义

根据前面的分析，我们在分析环境规制绩效时主要是从狭义的角度，即污染物的排放、处理和利用的角度对环境质量进行衡量。各指标释义如下。

（1）"三废"排放指标。目前，学者们对该指标的选取方法主要有两种：总量指标和单位指标。所谓总量指标，是指污染物的排放总量，如每年废水、废气、固体废弃物的排放总量。单位指标，则是指单位GDP 污染物排放量，如单位 GDP 废水排放量、单位 GDP 废气排放量、单位 GDP 固体废弃物排放量等。考虑到随着经济的增长，污染物排放的总量指标一般会增加，即使在政府环境规制加强、"绿色"技术创新不断涌现、治污设施有效运转的情况下也会如此。因此，总量指标难以客观反映环境规制绩效。所以，我们采用单位指标来衡量环境状况。具体包括以下 4 项指标：单位 GDP 废水排放量、单位 GDP 固体废物产生量、单位 GDP 废气排放量、单位 GDP 二氧化硫（SO_2）排放量。单位 GDP 污染物排放量的计算方法如下：

$$单位 GDP X 排放量 = X 排放量（产生量）/GDP 总量 \quad (4-1)$$

其中，X 代表废水、废气、SO_2 和固体废物。

（2）"三废"排放达标率与污染处理率指标。污染物达标排放率与污染物处理率指标从另一个侧面反映了政府环境规制绩效。一般地，污染物达标排放率和处理率约高，则说明政府环境规制绩效越好；反之，则说明政府环境规制绩效越差。因为目前在中国的统计数据中，尚未有关于固体废弃物和废气排放达标率的统计，所以我们采用 SO_2 去除率、废水排放达标率和固体废物处置率 3 项指标。具体计算方法如下：

$$废水排放达标率 = （废水排放达标量/废水排放量）\times 100\%$$
$$(4-2)$$

$$SO_2 去除率 = [SO_2 去除量/（SO_2 排放量 + SO_2 去除量）] \times 100\%$$
$$(4-3)$$

$$固体废物处置率 = （固体废物处置量/固体废物产生量）\times 100\%$$
$$(4-4)$$

（3）"三废"利用率指标。在生态文明建设过程中，资源有效的循环利用，即大力发展循环经济是一条重要途径。一般地，随着政府环境规制的加强，资源循环利用的技术会不断创新，循环利用方式会不断改进，资源利用程度将逐渐加深。循环经济的发展，不仅有利于资源的节约，也有助于减少污染，改善环境。因为目前中国并未有关于废水、废气利用率的完整的统计数据，因此我们采用"三废"综合利用率这一指标替代各具体指标。具体计算方法如下：

$$"三废"综合利用率 = （"三废"综合利用产值/总产值）\times 100\%$$
$$(4-5)$$

综上所述，本书选取的各分解指标如表 4-4 所示。

表 4 - 4　　　　　　　　　环境规制绩效测度分解指标

一级指标	二级指标	三级指标	
环境规制绩效综合指标	"三废"排放量	单位 GDP 废水排放量	（－）
		单位 GDP 废气排放量	（－）
		单位 GDP 二氧化硫排放量	（－）
		单位 GDP 固体废物排放量	（－）
	"三废"排放达标率或污染处理率	废水排放达标率	（＋）
		二氧化硫去除率	（＋）
		固体废物处置率	（＋）
	"三废"利用率	"三废"综合利用率	（＋）

注：（－）表示逆向指标，（＋）表示正向指标。

不过正如前面所分析的，用单一指标来衡量环境规制绩效是，衡量结果难免有失偏颇，结论的说服力会大打折扣。所以，我们接下来我们采用基于 DEA 的 Malmquist 指数方法计算环境规制绩效。作为一个综合反映环境规制绩效的指标，其对环境归制绩效的刻画更加客观、真实。

4.2.2　测度方法——基于 DEA 的 Malmquist 指数法

1. DEA 模型的数理解读

DEA 是数据包络分析法（data envelopment analysis）的简称，是由美国学者查恩斯和库珀（Charnes & Cooper）于 1978 年提出的[①]。模型的基本思想是以决策单元（decision marking unit，DMU）的输入和输出的权重为变量，利用线性规划技术确定最优的生产前沿面，进而通过判定决策单元距离最优生产前沿面的程度对各决策单元的效率进行测度[②]。DEA 方法可以从投入和产出两个角度对决策单元的效率进行测

① Charnes A，Cooper W W，Rhodes E. Measuring the efficiency of decision making units ［J］. European Journal of Operational Research，1978（2）：429 - 444.
② 高树婷，苏伟光，杨琦佳. 基于 DEA - Malmquist 方法的中国区域排污费征管效率分析［J］. 中国人口. 资源与环境，2014（2）：23 - 29.

度，前者是在产出一定的条件下，测度哪一个决策单元的投入最小；后者则是在投入一定的条件下，测度那个决策单元的产出最大。如果假定规模报酬不变，则不论从哪个角度进行衡量，最终得到的效率结果是相同的；如果假定规模报酬可变，结果可能不同。DEA 模型具有以下优点：第一，无须知道生产函数的具体形式就能够对效率进行测度，可以避免参数方法在实际应用时对模型具体形式的依赖；第二，能够自如处理多种投入和多种产出的情况，而且在投入与产出间无须决定其相对的重要性，可以解决主观权数的决定与加总问题；第三，能够直接指明与最佳机构相比，被测度机构在哪些投入产出项目上有差距，从而找出改进效率的最佳途径；第四，可以同时考察多种生产投入要素的效率，比单要素框架下测度效率更加全面，得到的结果更能真实反映各个要素的利用情况。

DEA 是一种运用线性规划的数学过程，该方法将一个通过决策后投入一定数量生产要素并产出一定数量产品的经济系统称为决策单元（decision marking unit，DMU），并对决策单元（DMU）的效率进行测度的过程。DEA 方法能在同其他被考察单元相比较的情况下，测量出某一被考察单元相对生产效率。每个被考察单元都有相同的投入和产出变量，它通过将一个被考察单元所提供的服务和资源同其他被考察单元相比较，将多个投入和产出变量转变为效率测度指标，效率最高的被考察单元的效率为 1，其他被考察单元的效率在 0 到 1 之间。

假设有 N 个决策单元（DMU），每个决策单元使用 K 种投入要素来生产 M 种产出，X_{ip} 表示第 p 个决策单元的第 i 个投入要素，Y_{jp} 表示第 p 个决策单元的第 j 个产出变量。则第 p 个决策单元（DMU）的效率计算问题可以转化成下面的线性规划问题：

$$\min \theta$$

$$(CCR)\,s.\,t \begin{cases} \sum\limits_{j=1}^{n} X_j \lambda_j \leqslant \theta X_p \\ \sum\limits_{j=1}^{n} Y_j \lambda_j \geqslant Y_p \\ \lambda_j \geqslant 0,\ j = 1,\ 2,\ \cdots,\ n \end{cases} \tag{4-6}$$

上述模型是基于规模报酬不变的 DEA 模型，也称为传统的 DEA 模型。式（4-6）中，$X_p = (x_{1p},\ x_{2p},\ \cdots,\ x_{kp})$，$Y_p = (y_{1p},\ y_{2p},\ \cdots,\ y_{mp})$，其中 θ 是标量，λ 是一个 N×1 的常向量，解出来的 θ 值即为第 p

个决策单元 DMU_p 的效率值，其经济含义为在某一决策单元产出 Y 可由所有 p 个决策单元产出线性组合替代的情况下，这一决策单元投入 X 的可压缩程度，压缩比例的大小为 θ，即 θ 也被称为效率测度值。一般有 $0 \leq \theta \leq 1$，如果 $\theta = 1$，则意味着该决策单元是有效率的，且位于生产前沿上。对于 $\theta < 1$ 的存在效率损失的决策单元，$1 - \theta$ 就是第 p 个决策单元多投入的比例，也就是可以减少[①]的投入的最大比例。

上面所描述的传统的 DEA 模型的研究和应用主要集中在对投入、产出指标的选择及其相对效率的测度排名上，在测度决策单元效率时，结果可能会出现多个测度单元同处于生产前沿上而都有效率的情况（即测度值都为1），那么对于这些有效单元的继续测度，传统的 DEA 模型是无能为力的，无法做出进一步的测度与比较。阿内森和彼得森（Anersen & Petersen）于1993年提出超效率 DEA 模型，该模型在测度某个决策单元时，将其排除在决策单元集合之外，克服了传统 DEA 模型无法解决的困难，使相对有效决策单元之间也能进行效率高低的比较。下面对扩展的 DEA 模型——超效率 DEA 模型进行解释，超效率 DEA 模型的数学表达式见式（4－7）。

$$
\min \theta
$$

$$
s.t \begin{cases} \sum_{\substack{j=1 \\ j \neq k}}^{n} X_j \lambda_j \leq \theta X_p \\ \sum_{\substack{j=1 \\ j \neq k}}^{n} Y_j \lambda_j \geq Y_p \\ \lambda_j \geq 0, \ j = 1, 2, \cdots, n \end{cases} \quad (4-7)
$$

式（4－7）中各个数学符号意义与上述传统的 DEA 模型相同，不同之处在于其基本思想是在进行第 p 个决策单元效率测度时，使第 p 个决策单元的投入和产出被其他所有的决策单元投入和产出的线性组合替代，而将第 p 个决策单元排除在外（即 $j \neq k$），而传统的 DEA 模型是将该决策单元也包含在内。在超效率 DEA 模型中，将某个决策单元能增加其投入而仍保持相对有效性的最大比例值，称为该决策单元的"超效率"，并以此来区分原来均为相对有效单元的效率，该效率值可能大于1。一个有效的决策单元可以使其投入按比例的增加而效率值保持不变，

---

① 这里减少的也可以称之为浪费的效率，$1 - \theta$ 可以用来评价第 p 个决策单元节能潜力。

其投入增加比例即为其超效率测度值。

通过式（4-6）和式（4-7）的描述我们可以看出传统的 DEA 模型和超效率 DEA 模型的不同，但是不够清晰和直观。下面通过图形结合文字解释，更加清晰地考察传统的 DEA 模型和超效率 DEA 模型的区别。

图 4-4 是传统的 DEA 模型即基于投入导向的规模报酬不变的 DEA 模型，资本（K）、劳动力（L）和能源（E）作为三种投入要素，横轴表示资本和劳动力投入与产出之比，纵轴表示能源投入与产出之比，SS′为等产量线（也称为包络线），A、B、C 作为三个决策单元，位于包络线 SS′上，C′不在包络线 SS′上，显然 C′点与 C 点相比，存在投入过度问题，实现相同的产出需要消耗更多的资本、劳动力和能源。假定 TE（technical efficiency）表示技术效率，那么图中的 OC 与 OC′的比就代表技术效率即 TE = OC/OC′，C′点在产出保持不变的情况下可以节约 CC′的要素投入。从图中还可以看出，C 点虽然位于包络线 SS′上，但是与 A 点（有效率且效率值为 1）相比较，C 点可以继续节约要素投入 CA 达到同样的产出水平，CA 为松弛量[①]。无效率决策单元 C′点要达到最优技术效率所必须要节约的三种要素的投入为 OC - CA。

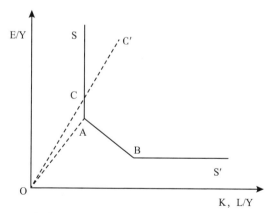

图 4-4 传统的 DEA 模型（基于规模报酬不变的 DEA 模型）

---

① 松弛问题最早是由库普斯曼（Koopsman，1951），法雷利尔（Farell，1957）提出，它是由于等产量包络线 SS′并非是光滑曲线组成的前沿面，而是分段线性前沿面，而且部分与坐标轴平行所引起的。

图 4 - 5 是超效率 DEA 模型，除 A′之外，其他点的含义均与上述传统的 DEA 模型相同。根据超效率 DEA 模型分析方法的思路，即测度某个决策单元时将其排除在决策单元时。所以，在测度 A 点的效率时，要将其排除在测度单元集合之外，于是 A 点的生产前沿面由 SABS′变成 SCBS′，A 点的效率 TE = OA′/OA，此时 A 点的效率大于 1，而传统的 DEA 模型上 A 点的效率为 1。无效率决策单元 C′点，其生产前沿面仍然是 SABS′，C′点效率值不变。

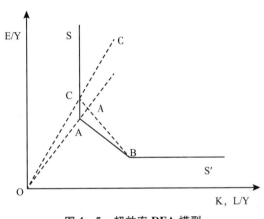

图 4 - 5　超效率 DEA 模型

由于传统 DEA 模型的特点，对于效率测度值为 1 的决策单元之间无法进行比较，有较大的局限性，而超效率 DEA 模型能够对传统 DEA 模型中效率测度值为 1 的决策单元进行进一步排序，这样可以获得的更多信息，更能准确清晰的测度各个决策单元之间效率，在运用上具有优势。

2. 马奎斯特（Malmquist）指数的数理解读

基于 DEA 的 Malmquist 指数方法是在 DEA 模型的基础上产生的，最初由马奎斯特（Malmquist）于 1953 年提出，它的基本思想是通过对距离函数比率的测度来计算投入产出效率，最早是应用于消费变化问题的研究上。随着研究的深入，学者们建立了用以考察全要素生产率增长的 Malmquist 生产力指数，这一方法才被广大学者所广泛认可。Malmquist 指数之所以能够得到广泛的应用，不仅在于其不需要获取相关的价格，只需要投入和产出的观察数据即可的可行性要求，更重要的是这种方法可以对多个决策单元不同时期的样本进行考察，从动态的角度对效率问题进行研究，弥补了 DEA 只能从静态角度研究的缺陷。t 期至 t + 1 期的全要素变化率即为 Malmquist 指数，表达如式（4 - 8）所示：

$$M_{i,t+1} = (x_i^t, \ y_t^i, \ x_i^{t+1}, \ y_i^{t+1}) = \left\{ \frac{D_i^t(x_i^{t+1}, \ y_i^{t+1})}{D_i^t(x_i^t, \ y_i^t)} \cdot \frac{D_i^{t+1}(x_i^{t+1}, \ y_i^{t+1})}{D_i^{t+1}(x_i^t, \ y_i^t)} \right\}$$

$$(4 - 8)$$

式（4 - 8）中 $M_{i,t+1}$ 表示 Malmquist 指数；x 为投入变量，y 表示产出变量；$(x_i^t, \ y_i^t)$、$(x_i^{t+1}, \ y_i^{t+1})$ 分别为第 t 期和 t + 1 期的投入和产出；D（·）表示方向性距离函数。如果 Malmquist 指数大于 1，说明从 t 期到 t + 1 期效率是增长的，反之则是下降的。

在 Malmquist 指数的应用中，最为核心的工作是准确计算投入与产出的距离函数。本书在规模报酬不变并且产出导向的前提下通过四个 Coelli 线性规划模型对距离函数进行计算，模型的具体公式由式（4 - 9）、式（4 - 10）、式（4 - 11）和式（4 - 12）所示：

$$[D_i^t(y_i^t, \ x_i^t)]^{-1} = \max_\lambda \varphi \qquad (4 - 9)$$
$$st - \phi y_i^t + y_i^t \lambda \geq 0$$
$$x_i^t - x_i^t \lambda \geq 0$$
$$\lambda \geq 0$$

$$[D_i^{t+1}(x_i^{t+1}, \ y_i^{t+1})]^{-1} = \max_\lambda \varphi \qquad (4 - 10)$$
$$st - \phi y_i^{t+1} + y_i^{t+1} \lambda \geq 0$$
$$x_i^{t+1} - x_i^{t+1} \lambda \geq 0$$
$$\lambda \geq 0$$

$$[D_i^t(x_i^{t+1}, \ y_i^{t+1})]^{-1} = \max_\lambda \varphi \qquad (4 - 11)$$
$$st - \phi y_i^{t+1} + y_i^t \lambda \geq 0$$
$$x_i^{t+1} - x_i^{t+1} \lambda \geq 0$$
$$\lambda \geq 0$$

$$[D_i^{t+1}(x_i^t, \ y_i^t)]^{-1} = \max_\lambda \varphi \qquad (4 - 12)$$
$$st - \phi y_i^t + y_i^{t+1} \lambda \geq 0$$
$$x_i^t - x_i^{t+1} \lambda \geq 0$$
$$\lambda \geq 0$$

4.2.3 中国各省份环境规制绩效的计算

1. 指标的选取及数据处理

在进行环境规制绩效的测度时,本书选取 1995~2014 年中国省际的单位 GDP 废水排放量、单位 GDP 废气排放量、单位 GDP 二氧化硫排放量、单位 GDP 固体废物排放量 4 个指标作为投入指标。选取废水排放达标率、二氧化硫去除率、固体废弃物处置率、三废综合利用率 4 个指标作为产出指标。数据来自 1996~2015 年《中国统计年鉴》《中国环境统计年鉴》《中国环境年鉴》。

由于各指标数值的单位属性与量纲的不同,无法进行直接计算和合成,所以在计算污染物排放及处理水平之前,首先要对指标进行处理。由于单位 GDP 废水排放量、单位 GDP 废气排放量、单位 GDP 二氧化硫排放量、单位 GDP 固体废物排放量 4 项指标均与污染物排放及其处理水平负相关,所以将这几个变量取倒数处理,使得各指标对环境规制的作用力趋同。为了操作方便,将各项指标做如下命名:

X_1—单位 GDP 废水排放量 X_2—单位 GDP 废气排放量

X_3—单位 GDP SO_2 排放量 X_4—单位 GDP 固体废物产生量

X_5—废水排放达标率 X_6—SO_2 去除率

X_7—固体废物处置率 X_8—"三废"综合利用率

2. 数据测度

通过 Deap 2.1 软件,我们得到了中国环境规制绩效的测算结果。由于 Malmquist 指数是相对于上一年而得来的,上一年的数据均假设为 1,因此所得到的结果是从第二年开始的,即利用 1995~2016 年的数据得到的是 1996~2016 年的环境规制绩效,具体结果如表 4-5 所示。

表 4-5   1996~2016 年中国环境规制绩效测度结果

省份	1996 年	1997 年	1998 年	1999 年	2000 年	2001 年	2002 年	2003 年	2004 年	2005 年
北京	1.00	1.00	1.00	1.00	1.00	1.00	1.00	0.33	0.75	0.71
天津	0.62	0.69	1.11	0.99	1.44	1.49	1.00	1.00	1.00	0.81

省份	1996 年	1997 年	1998 年	1999 年	2000 年	2001 年	2002 年	2003 年	2004 年	2005 年
河北	0.73	0.67	1.67	0.85	1.33	0.79	1.38	0.85	0.91	0.58
辽宁	0.62	1.12	0.89	1.03	1.36	1.13	0.60	1.19	1.44	0.46
上海	0.88	0.71	1.21	0.82	0.85	1.75	1.08	1.00	0.77	0.53
江苏	0.75	0.82	1.48	0.86	1.00	1.27	0.84	1.13	0.71	0.63
浙江	0.68	0.76	1.55	0.84	1.17	0.83	0.74	0.98	0.88	0.96
福建	0.64	0.77	1.13	0.99	0.95	1.23	1.38	1.13	1.00	0.78
广东	0.50	0.88	1.15	1.04	1.04	1.20	1.24	1.13	1.01	0.78
山东	0.43	0.81	2.34	0.54	1.22	1.01	0.94	1.20	0.73	0.60
海南	1.00	0.97	1.03	1.00	1.00	1.00	1.00	1.00	1.00	0.56
吉林	0.66	1.06	1.20	0.89	1.02	1.33	1.00	0.75	0.78	1.71
黑龙江	1.00	0.61	0.96	1.08	0.79	0.76	2.53	0.86	1.21	0.33
河南	0.55	0.86	1.12	1.04	1.06	1.06	1.29	0.84	1.06	0.53
湖北	1.00	0.91	1.11	1.00	0.87	1.11	0.75	1.39	0.51	0.86
湖南	0.50	0.94	0.79	0.99	2.00	0.78	1.09	0.74	1.23	0.50
安徽	1.00	0.77	0.73	1.04	1.16	1.48	0.66	0.86	0.95	0.61
江西	1.00	1.00	1.00	1.00	1.00	1.00	0.59	1.01	0.94	0.59
山西	1.00	1.00	1.00	1.00	1.00	1.00	1.00	1.00	1.00	1.00
陕西	1.00	1.00	1.00	1.00	1.00	0.41	2.42	0.88	1.14	0.92
内蒙古	0.88	0.70	1.62	1.01	1.00	0.73	1.37	1.00	1.00	1.00
广西	1.00	0.90	1.11	1.00	1.00	1.00	0.90	1.11	1.00	1.00
四川	1.00	1.00	1.00	1.00	1.00	1.00	1.00	1.00	1.00	0.96
贵州	0.87	1.00	1.16	1.00	1.00	0.82	1.17	0.69	1.21	0.52
云南	0.66	0.91	1.00	1.03	1.01	1.62	0.63	0.94	1.00	0.68
甘肃	0.97	1.03	1.00	1.00	1.00	1.00	0.89	1.13	0.88	0.67
青海	0.54	0.67	1.16	1.00	0.98	0.99	1.17	0.97	0.41	0.52
宁夏	0.62	0.64	0.71	1.03	0.82	0.62	0.63	0.94	0.97	0.68
新疆	0.93	1.07	0.66	1.09	0.88	0.76	1.34	1.39	1.10	1.00

省份	2006年	2007年	2008年	2009年	2010年	2011年	2012年	2013年	2014年	2015年	2016年
北京	1.13	2.57	0.83	0.83	0.88	0.95	0.74	1.28	0.91	0.95	1.00
天津	1.24	1.00	1.00	1.00	1.00	1.00	1.00	1.00	1.00	1.02	1.04
河北	1.14	1.24	0.82	1.11	0.74	2.36	0.71	0.87	1.09	1.12	1.12
辽宁	1.06	0.87	2.37	0.48	1.69	1.13	1.08	1.00	1.00	1.03	1.05
上海	1.53	0.98	1.37	0.63	1.22	1.56	1.00	1.00	1.00	1.02	1.02
江苏	1.34	0.97	1.32	0.74	1.24	1.38	0.44	1.14	0.96	1.12	1.13
浙江	1.52	0.99	1.09	0.90	1.16	0.69	0.90	1.11	0.93	1.10	1.11
福建	1.27	1.02	1.00	0.77	1.17	0.70	0.99	0.96	1.00	1.05	1.06
广东	1.38	1.00	1.00	1.00	1.00	1.00	1.00	1.00	1.00	1.03	1.03
山东	1.07	1.20	1.62	0.65	1.59	1.74	0.95	1.05	0.98	0.99	1.00
海南	1.50	0.72	1.13	0.83	0.75	1.06	1.20	0.99	1.00	1.05	1.06
吉林	0.49	0.99	1.63	1.27	0.40	0.88	1.06	1.09	0.96	0.98	1.01
黑龙江	2.52	0.68	1.07	0.70	1.35	0.86	0.97	1.06	0.99	1.02	1.03
河南	1.23	0.99	1.00	1.16	1.27	1.34	1.13	1.00	1.00	1.00	1.02
湖北	1.22	0.88	0.89	0.89	1.15	1.10	1.67	0.99	1.00	1.01	1.01
湖南	1.00	1.01	1.17	0.58	1.43	0.73	0.92	0.91	1.04	1.05	1.06
安徽	1.45	1.02	0.99	0.92	1.17	1.44	1.36	1.00	1.00	1.02	1.02
江西	1.41	0.95	1.02	1.07	1.05	1.84	0.80	0.99	1.00	1.03	1.04
山西	1.00	1.00	1.00	1.00	1.00	1.00	1.00	1.00	1.00	1.01	1.02
陕西	0.80	0.86	1.58	0.55	1.47	0.85	0.94	0.97	1.00	1.01	1.01
内蒙古	1.00	0.54	1.18	0.87	1.54	1.17	1.00	1.00	1.00	1.03	1.05
广西	0.91	1.10	1.00	1.00	1.00	0.66	1.52	1.00	1.00	1.02	1.04
四川	0.86	0.88	1.00	0.91	1.17	0.72	1.35	1.12	0.94	1.02	1.02
贵州	1.80	1.07	0.61	1.06	0.69	2.27	1.24	1.00	1.00	1.02	1.03
云南	1.11	0.99	0.98	1.02	1.09	0.88	1.12	0.95	1.03	1.05	1.07
甘肃	0.74	0.98	1.70	0.59	1.69	0.96	1.01	0.90	1.02	1.03	1.04
青海	0.91	1.07	1.21	1.06	1.11	1.01	1.05	1.00	1.00	1.02	1.04

续表

省份	2006年	2007年	2008年	2009年	2010年	2011年	2012年	2013年	2014年	2015年	2016年
宁夏	1.11	0.83	0.98	1.12	1.09	1.21	1.12	1.00	1.00	1.03	1.04
新疆	1.00	1.00	1.00	1.00	1.00	1.00	1.00	1.00	1.00	1.03	1.05

注：因重庆市于1997年成立直辖市，其1996年的数据含在四川中，为保持数据的一致性与可比性，1997年之后重庆的数据依旧并入四川计算，计算方法为两地区的相同数据求和。

资料来源：笔者测算所得。

为了对环境规制绩效进行更深入的分析，本书将中国划分为三大区域①，三大区域的环境规制绩效均值如表4-6所示。

表4-6　　　　　1996～2016年三大地区环境规制绩效测度结果

地区	1996年	1997年	1998年	1999年	2000年	2001年	2002年	2003年	2004年	2005年	2006年
东部	0.71	0.84	1.33	0.91	1.12	1.15	1.02	0.99	0.93	0.67	1.29
中部	0.84	0.89	0.99	1.00	1.11	1.06	1.11	0.93	0.96	0.76	1.29
西部	0.85	0.89	1.04	1.01	0.97	0.90	1.15	1.00	0.97	0.79	1.02

地区	2007年	2008年	2009年	2010年	2011年	2012年	2013年	2014年	2015年	2016年	2017年
东部	1.14	1.23	0.81	1.13	1.23	0.91	1.04	0.99	1.04	1.06	—
中部	0.94	1.10	0.95	1.10	1.15	1.11	1.01	1.00	1.02	1.03	—
西部	0.93	1.12	0.92	1.18	1.07	1.13	0.99	1.00	1.03	1.04	—

资料来源：笔者测算所得。

103

———————————

① 东部地区包括北京、福建、广东、海南、河北、江苏、辽宁、山东、上海、天津、浙江，共11个省份；中部地区包括安徽、河南、黑龙江、湖北、湖南、吉林、江西、山西，共8个省份；西部地区包括甘肃、广西、贵州、内蒙古、宁夏、青海、陕西、四川、新疆、云南，共10个省份。西藏、香港地区、澳门地区和台湾地区由于部分年份数据不完整，将其剔除，为保持数据的一致性与可比性，重庆的数据归入四川进行合并处理。

4.3 中国环境规制绩效区域
差异的事实性描述

4.3.1 基于综合指标的环境规制绩效的区域差异

为了更直观地展现环境规制绩效的区域差异，并便于比较分析，本书根据前面的数据整理做出三大地区环境规制绩效变化趋势图，结果如图4-6所示。

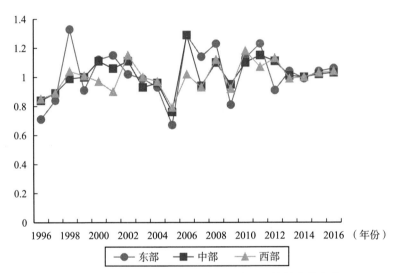

图4-6 1995~2016年三大地区环境规制绩效变化趋势

资料来源：笔者测算所得。

根据图4-6可知，中国东部、中部、西部地区的环境规制绩效总体上均呈现出波动上升的态势。2005年之前，三大地区环境规制绩效呈现出波动下降的态势，在到达2005年最低点之后出现强力反弹的态势。在经历了一段时期的波动变化之后变动趋势趋于平和。总体来看，2005年对东部、中部、西部三大区域来说，环境规制绩效都呈现出明显的下降态势，尽管当年三大区域环境污染治理投资总额都在增加，其中全国这一指标为 2388 亿元，甚至比上年增幅高达 25.1%。究其原因，一是当年国家出台的环境法规相对较少。2005 年，国家出台了相关环境保护法规共计 76 件（其中：制定环境保护部门规章 6 件，颁布环境保护地方性法规 30 件，颁布环境保护地方性规章 40 件），比 2004 年的 86 件（其中：制定环境保护部门规章 6 件，颁布环境保护地方性法规 22 件，颁布环境保护地方性规章 58 件）减少了 10 件。二是 2005 年全国发生了过多的环境污染事件：重庆綦江水污染事件、浙江嘉兴因上游水污染遭遇缺水危机、黄河水污染导致部分流域地区农作物减产甚至绝收、松花江重大水污染事件、广东北江镉污染事故等。特别是 2005 年 11 月松花江重大水污染事件，因为吉林石化公司双苯厂车间爆炸导致 100 吨左右的苯类物质流入松花江，不仅造成了 5 人死亡、1 人失踪，近 70 人受伤，更造成了松花江严重污染，沿岸几百万居民饮水困难。据统计，2005 年全国共发生环境污染与破坏事故 1406 次，造成直接经济损失 10515 万元，而这其中并未包括松花江污染事故损失。如果将松花江污染事故损失计算在内，2005 年全国因环境污染造成的经济损失将更加难以让人接受。进入 2006 年后，政府加大了环境规制力度。主要表现为：第一，第六次全国环境保护大会顺利召开，在环境保护方面实现了三个转变：一是从过去的重经济增长、轻环境保护转向经济增长与环境保护并重；二是从过去的环境保护滞后于经济增长转向环境保护与经济增长同步；三是从过去主要依靠行政办法保护环境转向综合运用法律、技术、经济和必要的行政办法解决环境问题。第二，政府出台了一系列环境保护法律法规。据统计，2006 年全国出台了相关环境保护法规共计 86 件（其中：制定环境保护部门规章 7 件，颁布环境保护地方性法规 38 件，颁布环境保护地方性规章 41 件），比上年增加 10 件。第三，环保部采取了一系列措施加强环境规制：实施污染物总量控制和排污许可证制度、配合立法机关加强环境保护立法工作、加大对环境违法事件的查处和惩罚力度、严格建设项目的环境准入、改善重点区域的环境质量、加强环境监管能力建设等。在此基础上，2006 年的环境规制绩效明显好转，主要表现为：环境污染与破坏事故仅发生了 842 次，比上年减少 564 次，减少幅度高达 40%，造成的直接经济损失为 13471 万元，也比上年大大减少（如果将上年的松花江严重污染损失计算在内的话）。①

自图 4 - 7 可以看出，2006 年之后，三大区域的环境规制绩效基本呈波动上升态势。不过在这一过程中，区域间环境规制绩效的变动趋势和速率有所差异。具体而言，在考察期内的大多数年份里，东部地区的环境规制绩效要高于中部和西部地区。2005 年之前年份中，中部地区的环境规制绩效要高于西部地区，并且差异较大，但从 2005 年开始，中部地区与西部地区的环境规制绩效差异逐渐缩小。其中的原因可能是：东部地区一直致力于经济的快速增长，在快速推进工业化和城镇化的过程中，尽管出现了一系列环境问题，但由于经济发展处于一个相对较高的水平，因此能够提供的治理环境问题的资金较多。例如，2007 ~ 2015 年，东部地区财政环境保护支出年均达到 97 亿元，其中财政环境保护支出规模最大的广东更是达到了年均 197 亿元，远超过同期中西部地区年均 91 亿元和 79 亿元的支出规模②。同时考虑到东部地区的技术水平也处于一个较为领先的水平，在环境问题的治理中可以借助的优势较为明显，再加上东部地区的产业结构趋于合理化和高级化，以及随着收入水平的提高，人们对于环境质量的要求相对提高。因此，东部地区的环境规制绩效要高于中部和西部地区。中部、西部地区环境规制绩效差异之所以出现从"较大差异"到差异趋于"缩小"的发展状况，是因为在 2005 年之前，中部地区的经济发展水平要远高于西部地区。但自 2000 年开始，出于协调区域平衡发展的考虑，国家实施了西部大开发战略③，在经历了近 5 年的发展之后，西部地区逐渐缩小了与中部地区的经济发展差距。经济发展水平的提升，一方面为环境问题的治理提供了更多的资金支持，更重要的是在发展过程中西部地区可以参考的经验和可利用的技术不断增加。

图 4 - 7 是根据考察期内各省份经济增长速度得到的地区经济增长率，经济增长速度的变化印证了本书对环境规制绩效地区差异解释的可靠性。据统计，2000 ~ 2015 年，中部和西部地区的年均增长率分别为

---

① 2004 ~ 2006 年《中国环境统计公报》。

② 根据历年《中国统计年鉴》的相关数据计算所得。

③ 人民网. 中共中央关于制定国民经济和社会发展第十个五年计划的建议 [EB/OL]. http：//www. people. com. cn/GB/paper39/1716/277521. html，2000 - 10 - 19.

16% 和 17%，增长速度仅差别 1 个百分点，[①] 极为接近。经济发展水平的相近，在很大程度上解释了区域环境规制绩效的趋同。

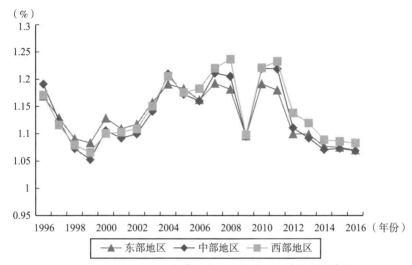

图 4 - 7　1995 ~ 2016 年东、中、西部地区经济增长率变化

资料来源：根据历年《中国统计年鉴》以及各省份的统计年鉴整理所得。

4.3.2　基于具体指标的环境规制绩效的区域差异

环境规制的目标在于改善环境质量，实现可持续增长。环境规制可以通过植树造林、退耕还林、污染治理等多种途径作用于环境，而环境质量的改善可以通过人均公园绿地面积、人均森林面积、单位产值（或人均）污染物排放量等指标体现出来。尽管这些年来在政府、企业等各界的努力下环境质量恶化的态势得到了一定程度的遏制，但不同地区表现不一。为便于分析，本书采用学者们普遍采用的方法——从水污染、大气污染、固体废弃物污染三个方面对目前中国环境规制绩效区域差异的事实进行简要分析。

1. 水污染状况的区域差异

水污染治理是中国环境规制伊始关注的首要内容，并且一直是环境

---

① 根据历年《中国统计年鉴》相关数据计算所得。

规制的重点内容之一。政府不仅对重要江河湖泊（如淮河、松花江、长江、黄河、太湖）等的污染问题进行了专项治理，而且对污染源的污染物排放一直坚持严格执行国家的相关环境政策。因此，尽管近年来水污染事件仍然时有发生，但其发生的相对频率在下降，污染排放的相对量趋于减少。图4－8显示了中国的废水排放以及废水中主要污染物——化学需氧量和氨氮排放的情况。

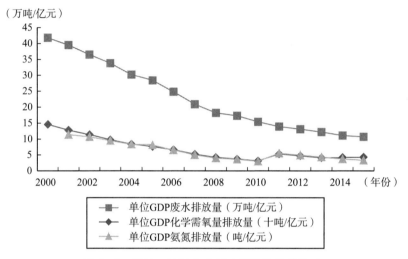

图4－8　2000～2015年中国水污染物排放状况

资料来源：根据历年《中国统计年鉴》《中国环境统计年鉴》《中国环境统计公报》的相关数据整理所得。

2000～2015年，随着经济的快速增长，中国的废水水排放总量由415.2亿吨增加到735.3亿吨[①]，增长了1.77倍。但是由图4－9可以看出，单位GDP的水污染排放量却呈明显的下降趋势。其中，单位GDP的废水排放量下降趋势最为明显，从2000年的41.8万吨/亿元下降到2015年的10.7万吨/亿元，下降了74.4%，年均下降2.1万吨/亿元。单位GDP的化学需要量和氨氮排放量的变动趋势与单位GDP废水排放量的变动趋势基本类似，也基本呈下降趋势，但前两者的下降幅度小于后者，而且在2011年均有一个上浮波动，之后再趋于下降。原因

————————

① 《中国环境统计年鉴（2014）》。

主要在于 2011 年中国生态环境部对统计制度中的指标体系、调查方法及相关技术规定等进行了修订，统计范围扩展为工业源、农业源、城镇生活源、机动车、集中式污染治理设施 5 个部分，使得污染统计数据扩大。

　　各个区域废水排放的变化趋势与全国的整体情况类似，如图 4 - 9 所示，统计区间内，中国东部、中部和西部地区单位 GDP 废水排放量的变化呈现出非常相似的态势：2010 年之前均快速下降，2011 年因为环境保护部扩大了污染统计范围，污染统计值骤然增大，使得该指标在此处有一个明显的回升，之后继续下降；三大区域下降的速率基本一致，年均减少 1.7 万吨/亿元左右，年均下降比率约为 13%。不过，从单位 GDP 的废水排放水平看，总体上东部地区最低，中部地区居中，西部地区最高。相对于东部而言，中部和西部较为接近，特别是在统计区间的开始和最后的几年，两个地区基本一致。究其原因，可能是自西向东，越发达的地区，污染产业的比重相对越少，废水排放相对越少。另外，越是发达的地区，环境规制强度相对越大，越有利于采用先进的技术和设备对产生的废水进行净化处理，从而使得最终排放的废水量减少。

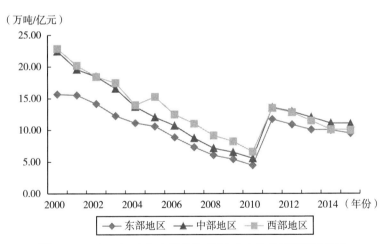

（万吨/亿元）

图 4 - 9　2000 ~ 2015 年中国单位 GDP 废水排放量的区域差异

资料来源：根据历年《中国统计年鉴》《中国环境统计年鉴》《中国环境统计公报》整理。

2. 大气污染状况的区域差异

中国对大气污染的治理主要从 20 世纪 80 年代中期开始。1987 年 9 月，随着中国第一部《大气污染防治法》的出台，中国大气污染防治工作逐步走上法制化轨道，特别是 1992 年 5 月《联合国气候变化框架公约》（United Nations Framework Convention on Climate Change，UNFCCC）[①] 签订之后，作为其成员国，中国一方面坚持 UNFCCC 所规定的"共同但有区别的原则"，努力敦促发达国家严格按照联合国气候变化大会《京都议定书》[②] 所规定的量化减排指标减少温室气体排放，同时作为一个负责任的发展中的大国，中国也一直在尽最大努力为人类的节能减排做出贡献，并于 2009 年 11 月首次公布了控制温室气体排放的行动目标：到 2020 年单位国内生产总值二氧化碳排放比 2005 年下降 40% ~ 45%，远远超出"巴厘路线图"对发展中国家的减排要求[③]。2014 年 11 月北京亚洲太平洋经济合作组织（APEC）会议期间，习近平主席代表中国政府在《中美气候变化联合声明》中再次郑重承诺：中国计划在 2030 年左右达到二氧化碳排放峰值，并计划到 2030 年非化石能源占一次能源消费比重提高到 20% 左右，该承诺同样体现在同年 12 月在秘鲁召开的联合国气候变化大会上。作为一个发展中国家，尽管面临着加快经济增长和进一步推进工业化和城镇化的繁重任务，但中国仍然在环境保护方面付出了较大的人力、财力和物力，充分彰显了中国政府和人民节能减排、保护地球环境的信心和决心。

中国的大气污染及其治理状况如图 4 – 10 ~ 图 4 – 12 所示。

[①] 《联合国气候变化框架公约》简称《框架公约》，是 1992 年 5 月 9 日联合国政府间谈判委员会就气候变化问题达成的公约，于 1992 年 6 月 4 日在巴西里约热内卢举行的联合国环发大会（地球首脑会议）上通过。

[②] 1997 年 12 月，为了"将大气中的温室气体含量稳定在一个适当的水平，进而防止剧烈的气候改变对人类造成伤害"，《京都议定书》以量化减排的方式进一步贯彻了"共同但有区别"的碳减排责任：在 2008 ~ 2012 年，全球主要工业国家的工业二氧化碳排放量比 1990 年的排放量平均要降低 5.2%，而发展中国家则不承担强制减排义务。不过，美国布什政府以"减少温室气体排放将会影响美国经济发展"和"发展中国家也应该承担减排和限排温室气体的义务"为借口，拒绝批准《京都议定书》。

[③] "巴厘路线图"要求发展中国家尽力减少温室气体排放，但并未像针对发达国家那样提出量化减排任务。

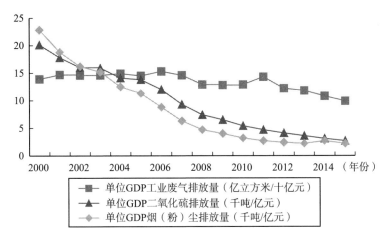

图 4 - 10　2000 ~ 2015 年中国单位 GDP 大气污染物排放量

资料来源：根据历年《中国环境统计年鉴》《中国环境统计公报》整理。

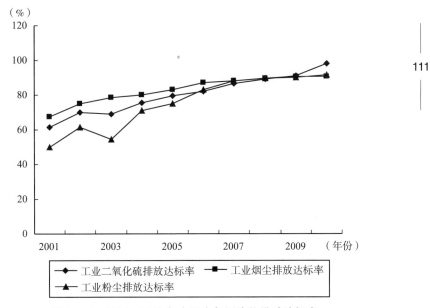

图 4 - 11　2001 ~ 2010 年中国大气污染物排放达标率

注：因为从 2011 年开始，《中国环境统计年鉴》不再公布工业烟尘和工业粉尘的达标排放率，所以此处数据仅显示到 2010 年。

资料来源：根据《中国环境统计年鉴（2013）》整理。

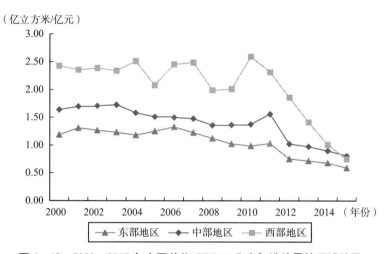

（亿立方米/亿元）

图 4 - 12　2000 ~ 2015 年中国单位 GDP 工业废气排放量的区域差异

资料来源：根据历年《中国统计年鉴》《中国环境统计年鉴》《中国环境统计公报》整理。

　　由图 4 - 10 可以看出，2000 ~ 2015 年，中国单位 GDP 的工业废气及其主要污染物的排放均呈现快速下降趋势。其中，单位 GDP 工业废气排放量呈现出波动下降的趋势，从 2000 年的 13.9 亿立方米/十亿元下降到 2015 年的 9.9 亿立方米/十亿元，降幅达 28.8%，虽然在个别年份有所上升，但并不能阻挡其总体的下降态势。大气污染物中单位 GDP 二氧化硫（SO_2）的排放量与烟（粉）尘的排放量[①]比较接近，后者比前者更低，但变化趋势基本相同，且下降幅度相近。其中，单位 GDP SO_2 的排放量由 20.1 千吨/亿元下降到 2.7 千吨/亿元，下降了 17.4 个单位；单位 GDP 烟（粉）尘的排放量下降幅度比二氧化硫更大，从 22.8 千吨/亿元下降到 2.2 千吨/亿元，下降了 20.6 个单位。这充分说明，中国在大气污染治理方面付出了较大努力，且成效显著。这一点，从近两年来雾霾天气明显减少、蓝天白云出现的天数明显增多可以明显看出。

　　大气污染物排放量的下降充分体现了中国政府在治理大气污染方面的积极努力，这一点通过图 4 - 11 的大气污染物排放达标率可以得到很好的解释。从图 4 - 11 可以看出，除却工业粉尘排放达标率在 2001 ~

---

　　① 从 2011 年开始，《中国环境统计年鉴》公布的是烟（粉）尘排放总量，而 2010 年之前则分别公布烟尘和粉尘的排放量。因此，2000 ~ 2010 年的烟（粉）尘排放量数据取烟尘和粉尘排放量之和。

2003 年略有波动之外，2001 ～ 2010 年中国的主要大气污染物排放达标率基本呈现出明显的、稳定的上升态势。其中，工业二氧化硫排放达标率由 61.3% 上升到 97.9%，上升了 36.6 个百分点，年均排放达标率为80.15%；工业烟尘排放达标率由 67.3% 上升到 90.6%，上升了 23.3个百分点，年均排放达标率为 82.96%；工业粉尘排放达标率由 50.2%上升到 91.4%，上升了 41.2 个百分点，年均排放达标率为 75.42%。也就是说，不仅单位 GDP 污染物的排放量在大幅度下降，而且越来越多的污染物经过处理之后得以达标排放，主要的废气污染物的达标排放率均在 70% 或 80% 以上，有的甚至接近 100%。大量废气得以达标排放，从而最终减少了排放到空气中的废气污染物，极大地减少了大气污染。

与前述全国整体的大气污染物排放快速下降的变动状况类似，中国东部、中部和西部地区单位 GDP 废气排放量虽然基本保持了一致的变动趋势——稳中趋降，且下降速率较为明显，如图 4 - 13 所示，2000 ～2015 年分别下降了 50%、51% 和 69%。其中，东部和西部地区该指标的变动趋势及轨迹更为接近，而西部地区该指标的起伏波动较为明显，但总体上还是呈现下降趋势。统计区间内，东中西三大区域单位 GDP工业废气排放量的差异较为显著。其中，东部地区最低，年均 1.06 亿立方米/亿元；中部地区较高，年均 1.39 亿立方米/亿元；西部地区最高，年均 2.06 亿立方米/亿元。[①] 究其原因，可能是自西向东，随着经济发展水平的提高、科技创新、产业结构的优化以及政府环境规制的加强，尽管随着经济的发展污染物排放总量可能会增加，但由于经济总量也相应加大，所以体现在单位产值上的污染物排放量却相应降低。

3. 固体废物污染状况的区域差异

固体废物不像废气和废水那样易于扩散，而是会有相对较长时间的堆积，不仅会直接污染环境，还会通过土壤、空气和水等媒介间接污染环境。不过，相对于废水和废气，固体废物一词具有鲜明的时间和空间特征。从时间特征看，固体废物是相对于一定的经济和技术条件而言的，随着技术的进步，矿产资源的枯竭，资源的自然再生能力日益不能

---

① 根据历年《中国统计年鉴》《中国环境统计年鉴》《中国环境统计公报》计算所得。

满足人类生产和消费的需求，资源的循环利用就会成为必然，今天的废物可能会成为明天的资源。从空间特征看，固体废物仅仅是相对于某一过程或某一环节没有使用价值，并非对一切过程或一切环节都没有使用价值，此过程的废物很有可能是另一过程的原料。因此，为了减少资源消耗和环境污染，对于固体废物，我们的选择主要有二：一是在现有技术条件下无法再利用的固体废物，应采取恰当的措施进行焚烧、掩埋等处理，确保其不会对环境造成损害。二是在现有技术条件下可以进行再利用的固体废物，应当积极进行循环利用。这样做的好处，不仅可以节约资源，提高资源的使用效率，还可以最大限度地避免因固体废物的排放而对环境造成的损害，尽可能地减少经济社会发展的资源环境成本。

对固体废物的循环利用，实质上是发展循环经济（cyclic economy）的一种表现。事实上，早在 20 世纪 60 年代，循环经济的思想就已出现。美国经济学家波尔丁在其"宇宙飞船理论"中明确提出了循环经济的思想。波尔丁认为，地球就像一只宇宙飞船，在其飞行过程中，其资源就像宇宙飞船携带的燃料一样会逐渐减少以至消耗殆尽，最终会导致地球毁灭。要想避免这一结果，只能通过资源的循环利用，尽量减少废物的排出。因此，除却当时技术条件下无法再利用的情况，人类应竭尽所能地实现固体废物的循环利用，既为了减少环境污染，也为了资源的日益短缺。中国自 20 世纪 90 年代引入了循环经济思想。此后，相关的理论研究和实践不断深入。虽然到目前为止，人们并未就循环经济的界定达成共识，但综合看来，循环经济的核心思想是：通过废物的再利用提高资源使用效率，节约资源，保护环境，实现经济社会的可持续发展。循环经济遵循减量化（reduce）、再利用（reuse）和再循环（recycle）的"3R"原则，即减少进入生产和消费流程的物质、尽可能多次以及尽可能多种方式地使用物品、尽可能多地再生利用或资源化。在这一原则指导下，争取改变传统的"高投入、高排放、高污染、低效率"的经济增长模式，实现"低投入、低排放、低污染、高效率"的可持续发展模式，从而由过去的"资源—产品—废物排放"的开放式（或单程）的物质流动模式转变为"资源—产品—废物排放—再生资源"的封闭式（或循环式）的物质流动模式，将人类的经济社会系统与自然资源生态系统相协调，建立起一种全新的生态经济。不过需要指出的是，循环经济的发展需要必要的制度、技术等的支撑，政府必须制定一系列的规章制度，为循环经济的发展提供必要的制度保障；而技术创新则是发展循环经济必不可少的关键支撑，没有技术创新，循环经济就会成为无源之水、无本之木。

同样，固体废物的处置与发展循环经济密切相关。随着1995年《固体废物污染环境防治法》的出台（此法先后在2004年、2013年、2015年和2016年被修订），中国对固体废物的处置和综合利用工作上了一个新台阶，步入了法治化轨道。为了加强对固体废物的管理，现行的《固体废物污染环境防治法》针对环境污染损害赔偿案件中最常见的受污染者没有能力起诉以及举证困难等问题，实行举证责任倒置制度；补充了有关生产者延伸责任的条款，规定国家对部分产品、包装物实行强制回收制度；禁止企业对产品过度包装；禁止向江河湖海等倾倒垃圾。违法者不仅要受到罚款、停业整顿、取消生产经营许可证等处罚，涉及犯罪的还要负刑事责任。随着政府对于固体废物管理的加强，中国的固体废物得到了较好的处置，对环境的污染大大减少。

图4-13显示了中国工业固体废物的产生、排放和综合利用情况。由图4-13可以看出，2000～2015年，中国单位GDP工业固体废物产生量和排放量均呈现出明显的下降态势。其中，单位GDP固体废物产生量从82.3百吨/亿元下降到48百吨/亿元，下降了34.3百吨/亿元，下降幅度超过了41%。尽管在2010～2011年单位GDP固体废物产生量略有回升，但之后再次呈现出之前的快速下降趋势。而单位GDP固体废物排放量则一直呈现出稳定的下降趋势，由2000年的32.1千吨/亿元下降到2015年的近乎0千吨/亿元，下降幅度高达100%。其中2000～2008年下降较为快速，之后则稳定下降，到2012年、2013年接近于0，2014年、2015年则降为0。可见，中国在固体废物污染防治方面的工作卓有成效，这一点在工业固体废物综合利用方面可以充分体现出来。图4-13显示，统计期间中国工业固体废物综合利用率呈现出稳定上升态势，从2000年的45.9%上升到最高2011年的66.8%，之后虽略有下降，但仍然高达60%以上，15年间提高了14.3个百分点。工业固体废物综合利用率的提高，不仅有利于减少固体废物的排放和环境保护，而且节约了资源，促进了循环经济的发展，有助于实现经济社会的可持续发展。

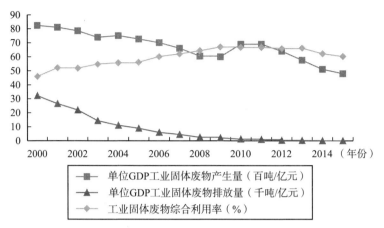

图 4 – 13　2000 ~ 2015 年中国单位 GDP 工业固体废物产生、排放及利用状况
资料来源：根据历年《中国统计年鉴》《中国环境统计年鉴》《中国环境统计公报》整理。

图 4 – 14 显示了 2000 ~ 2015 年中国东部、中部和西部三大区域单位 GDP 工业固体废物产生量的变动情况。可以看出，统计区间内三大区域的单位 GDP 工业固体废物产生量均呈现出下降趋势，但下降的轨迹有所不同。其中，东部和中部该指标的表现基本一致，均呈现出稳定缓慢的下降态势，2011 年前后虽略有波动，但起伏较小，之后继续稳定下降。不过，东部地区单位 GDP 工业固体废物产生量年均远小于中部地区，大约相当于中部地区的一半左右（东部地区平均为 0.45 万吨/亿元，中部地区平均为 0.94 万吨/亿元）。这说明相对于中西部地区，东部地区在减排方面、在废弃物的综合利用方面做得更好。而统计区间内，中西部地区单位 GDP 工业固体废物产生量在起点处（2000 年）基本一致（其中东部地区为 1.42 万吨/亿元，西部地区为 1.40 万吨/亿元），之后的发展轨迹则差异较大。其中，中部地区该指标基本呈现出明显的、稳定的下降态势，而西部地区虽然总体上也趋于下降，但波动起伏相对较大，特别是 2011 年左右波动较大：2011 年的单位 GDP 工业固体废物产生量为 1.66 万吨/亿元，陡然比 2010 年的 1.09 万吨/亿元增加了 52.3%，与之前年均下降 2.8% 的态势形成了鲜明的对比，之后则又转为下降态势。① 这说明 2011 年环境保护部扩大了统计范围之后，

① 根据历年《中国统计年鉴》《中国环境统计年鉴》《中国环境统计公报》的相关数据计算所得。

对西部地区的影响远远大于中部和东部地区。而从历年的单位 GDP 工业固体废物排放量来看，西部地区总体上最高，中部地区次之，东部地区最低。相对而言，中部和西部地区较为接近，二者与东部地区的差距较为明显。

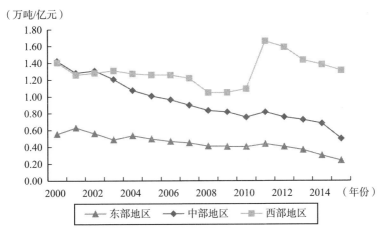

图 4 - 14　2000 ~ 2015 年中国单位 GDP 工业固体废物产生量的区域差异
资料来源：根据历年《中国统计年鉴》《中国环境统计年鉴》《中国环境统计公报》整理。

通过前面的分析可以看出，不论是就全国来看还是就区域层面来看，单位 GDP 的废水、废气还是固体废弃物的排放均呈现出明显的、动态的下降趋势，而且东部、中部和西部地区在以上三种污染物排放上呈现出一个明显的、共同的特点，即其差异基本类似（尽管差异程度有所不同）：自西向东，随着经济发展水平和技术水平的提高以及产业结构的优化，单位 GDP 污染物的排放越来越少，这与理论预期相符。

4.4　本章小结

中国制度化、规范化的环境规制起步于 20 世纪 70 年代。此后，环境规制机构、环境规制的法律法规、环境规制方式等逐渐健全和完善，政府在环境规制过程中投入的人力、物力和财力不断增加，甚至超过了 GDP 的增加，充分显示了政府对环境保护的重视和支持。当然，毋庸讳言，尽管中国在环境规制过程中付出了很大努力，并取得了较大的成绩，但仍然存在较大的改进空间。在环境规制不断增强的情况下，中国环境质量恶化的状况得到一定程度地遏制，单位 GDP 污染物（废水、废气和固体废物）排放一直呈下降趋势，中国的环境规制绩效总体上呈现出逐渐上升态势，尤其是 2002 年以后，环境规制绩效水平提高迅猛稳健。但是，环境规制绩效的区域差异明显，主要表现有二：一是从基于综合指标的环境规制绩效来看，2010 年之前的大部分时间里中部和西部地区的环境规制绩效高于东部地区，但从 2010 年开始，东部地区的环境规制绩效开始明显超越中部和西部地区；中部和西部地区的环境规制绩效很相近。二是从基于具体指标的环境规制绩效来看，单位产值的水污染、大气污染和固体废弃物污染均呈现出明显的区域差异：西部地区最高，中部地区次之，东部地区最低，考虑到自西向东经济发展水平逐渐提高，说明东部地区在很大程度上实现了经济增长与环境的"双赢"，而中西部地区则尚有较大的改进空间。

第5章 环境规制绩效区域差异的实证分析

规范分析是对经济现象和经济过程之间内在的、本质的、必然的联系进行逻辑上和理论上的分析与探讨。为了验证规范分析的有效性，有必要借助于经验数据进行验证。接下来我们将利用中国的面板数据实证分析环境规制绩效的区域差异问题。实证分析主要从三个方面展开：一是分析环境规制对环境库兹涅茨曲线（EKC）影响的区域差异；二是分析环境规制对污染密集型产业影响的区域差异；三是分析环境规制社会资本环境保护投入影响的区域差异。由于各地区自然、历史和经济社会等因素的不同，环境规制对环境库兹涅茨曲线的形状和位置、对污染密集型产业的区位商和带动值、对社会资本的引致效应都将产生不同的影响。

5.1 环境规制对环境库兹涅茨曲线影响的区域差异

环境库兹涅茨曲线描述的是经济增长与环境污染之间的关系，即在经济增长的初期，环境质量随着经济增长而下降；而在经济增长越过一定水平之后，环境质量随着经济增长而提升。不过，由于具体条件不同，不同国家或地区的环境库兹涅茨曲线会表现出一定的差异性，曲线拐点出现的早晚、曲线的陡峭程度都会有所不同。本书选取中国 29 个省份 1995~2016 年的数据，实证检验环境规制对环境库兹涅茨曲线影响的区域差异。

5.1.1 环境污染水平的测度

1. 环境污染水平指标选取及数据来源

参考已有的文献，在进行环境污染和经济增长关系的研究时，学者们较多地采用污染物排放量指标来测度环境污染。考虑到数据的可得性，本书选取的污染物排放量指标包括五个：单位 GDP 废水排放量、单位 GDP 二氧化硫排放量、单位 GDP 粉尘排放量、单位 GDP 烟尘排放量、单位 GDP 固体废弃物排放量。文中用到的数据由 1995~2017 年的《中国统计年鉴》《中国环境年鉴》《中国环境统计公报》整理计算得来。

2. 分析方法及污染水平的计算

鉴于单一指标可能造成的结论偏差，此处我们拟采用主成分分析（principal component analysis，PCA）法将上述 5 个单一指标合成为一个综合指标来反映环境污染水平。在进行统计分析时，为了避免变量过多而使问题变得复杂，我们往往采用一定的方法，将多个变量合成为一个或较少个变量，而且保证合成后的一个或较少个变量能够充分反映原来多个变量的信息。而主成分分析法就是一种数学上常用的降维方法，该方法最初是由凯·皮尔森（Karl Parson，1901）提出来的，主要用于非随机变量的分析，后来霍特林（Hoteling，1933）将其进一步丰富和发展，推广到随机变量的分析，是通过投影的方法，在尽量保留原始变量信息的基础上降低变量的维度，把多个指标转化为几个有代表意义的综合指标。

具体地，主成分分析的步骤如下：

首先，为了检验样本数据是否适用于主成分分析，我们首先要进行 KMO 检验和 Bartlett 球形检验。其中，KMO 检验通过比较变量间的简单相关系数和偏相关系数分析变量间的相关性。KMO 数值越接近 1，变量间相关性越强，越适合进行主成分分析。一般地，KMO 数值在 0.5~1.0 之间适合主成分分析。Bartlett 球形检验旨在检验各个变量是否相互独立，主成分分析是否有效。Bartlett 球形检验的度量标准为 Sig（significance）值，若 Sig 值小于 0.05，即拒绝相互独立假设，说明变量明显不相关，主成分分析是有效的，反之则主成分分析是无效的。

其次，提取主成分。主成分选择按照特征值大于 1 的经验法则取得。如果特征值小于 1，说明该成分对被解释变量的影响力很小，可以不予考虑。

最后，计算前 N 个主成分的样本值。根据因子得分系数矩阵，得到因子的得分函数：将这些数据与标准化后的指标数据相乘，就可以得到主成分表达式，根据综合主成分模型可以计算出各地区的综合得分数据。

此处我们借助主成分分析法，将单位 GDP 废水排放量、单位 GDP 二氧化硫排放量、单位 GDP 粉尘排放量、单位 GDP 烟尘排放量、单位 GDP 固体废弃物排放量这 5 个指标合成一个综合指标，综合表征环境污染水平。各省市的环境污染水平值见附录 1。

3. 区域环境污染水平值的测算

我们在前面测算了每个省份 1995～2016 年的环境污染水平值的基础上，将同一地区内所有省份在某一年的环境污染水平值加总后除以本地区省份的个数，作为本地区该年的环境污染水平的代表，即：

X 地区 Y 年环境污染水平 = X 地区所有省份 Y 年的环境污染水平值的加总/X 地区所有省份的个数。

在该公式中，X 代表东部、中部、西部地区，Y 代表具体的年份（如 1995 年、1996 年……2016 年）。

经过对数据的测算，我们得到了三大区域的环境污染水平值，结果如表 5 - 1 所示。

表 5 - 1　　　　　东部、中部、西部及全国的污染水平值

地区	1995 年	1996 年	1997 年	1998 年	1999 年	2000 年	2001 年	2002 年	2003 年	2004 年	2005 年
东部	101	85	70	107	173	59	30	41	37	29	28
中部	210	160	137	472	265	227	181	173	155	130	115
西部	356	259	221	294	259	237	149	145	139	108	100
全国	127	104	151	133	111	106	87	78	74	63	61

地区	2006年	2007年	2008年	2009年	2010年	2011年	2012年	2013年	2014年	2015年	2016年
东部	23	18	14	11	9	10	9	9	8	9	8
中部	87	66	43	35	26	49	25	22	20	20	19
西部	87	64	47	43	34	34	30	30	29	28	28
全国	51	39	31	27	22	19	16	15	15	15	14

资料来源：笔者计算所得。

表5-1的结果显示，总体来说，1995~2016年，我国三大地区以及全国的环境污染水平值均呈现出一种先下降、后上升、再下降的趋势。在1997年之前，全国三大区域的环境污染水平基本呈现出下降态势，污染水平按照严重程度依次为：西部、中部和东部。但1998年，三大区域的环境污染水平陡然上升，中部地区的污染水平在1998年达到472，甚至是1995年（210）的两倍多。究其原因，可能是1997年亚洲金融危机爆发后，中国政府没有像周边其他国家那样下调人民币汇率，反而公开承诺维持人民币币值不变。这样做的后果，虽然维持了中国作为一个负责任的大国形象，但也是中国的外贸出口受到很大的阻碍，大量出口订单被取消。在外贸需求锐减进而导致总需求不足的情况下，供求关系更加失衡。为了扩大总需求，在消费需求难以短期内迅速扩大的情况下，政府不得不依赖拉动经济增长的"三驾马车"中的最后"一驾"——投资需求的增加来保持一定的经济增长速度。在这一过程中，环境规制的临时性放松是必然的。不过，1998年之后，政府意识到环境污染的骤然加重，并及时采取措施，重新加强了环境规制。现实中我们可以观察到的是，三大区域和全国的环境污染水平自1998年后又恢复了迅速下降态势，并且这种下降态势一直保持至今，甚至连2008年全球性金融危机的爆发也没有使中国的环境污染再次出现1997年后的大幅波动状况，说明中国走可持续发展道路的信心更加坚定，环境保护制度更加健全，环境保护技术更加成熟。

得到环境污染水平值之后，接下来我们将对三大区域以及全国的环境库兹涅茨曲线（EKC）及其相互关系进行分析。

5.1.2　模型建立与分析

为了剔除异方差和异常值对数据稳定性的影响，本书选取简约对数形式的回归方程来分析经济增长和环境污染水平之间存在的关系。需要说明的是，对各数据取对数之后不会改变数据的性质和关系，只不过使经济变量具有了弹性的含义。在这里，取对数后的经济变量具有弹性的含义。

1. 模型的建立

我们将模型的基本形式设为如下：

$$\ln Y_{1t} = \beta_0 + \beta_1 \ln X_{1t} + \beta_2 (\ln X_{1t})^2 + \beta_3 (\ln X_{1t})^3 + \xi_{1t} \quad (5-1)$$

$$\ln Y_{2t} = \beta_0 + \beta_1 \ln X_{2t} + \beta_2 (\ln X_{2t})^2 + \beta_3 (\ln X_{2t})^3 + \xi_{2t} \quad (5-2)$$

$$\ln Y_{3t} = \beta_0 + \beta_1 \ln X_{3t} + \beta_2 (\ln X_{3t})^2 + \beta_3 (\ln X_{3t})^3 + \xi_3 \quad (5-3)$$

$$\ln Y_{4t} = \beta_0 + \beta_1 \ln X_{4t} + \beta_2 (\ln X_{4t})^2 + \beta_3 (\ln X_{4t})^3 + \xi_{4t} \quad (5-4)$$

其中，Y_{kt}（$k=1$，2，3，4，分别代表东部、中部、西部、全国）是第 t 年 k 地区的环境污染水平值，X_{mt}（$m=1$，2，3，4，分别代表东部、中部、西部、全国）为第 t 年 m 地区的人均 GDP，β_i（$i=1$，2，3）为待估系数，β_0 为截距项，ξ 为随机误差项。第 t 年 m 地区人均 GDP = 第 t 年 m 地区所有省份的 GDP 加总/第 t 年 m 地区所有省份的总人数。

2. 序列单位根检验（unit root test）

为了防止出现伪回归的问题，保证检验结果的真实性，我们首先对取对数后的数据进行序列单位根检验，检验结果如表 5 - 2 所示。

表 5 - 2　　　　　　　　　　单位根检验结果

区域	变量	检验类型	ADF 值	临界值 （$\alpha = 0.01$）	结论
东部	lnx	（c，t，1）	-4.798979	-4.728363	平稳
	lny	（c，t，1）	-4.325758	-3.7283353	平稳

区域	变量	检验类型	ADF 值	临界值 ($\alpha = 0.01$)	结论
中部	lnx	(c, t, 1)	-5.828236	-3.728762	平稳
	lny	(c, t, 1)	-3.812849	-2.992176	平稳
西部	lnx	(c, t, 1)	-4.623542	-3.332421	平稳
	lny	(c, t, 1)	-3.602143	-3.352389	平稳
全国	lnx	(c, t, 1)	-4.900361	-4.728363	平稳
	lny	(c, t, 1)	-3.296481	-2.699769	平稳

表 5-2 的单位根检验结果表明，三大区域及全国的变量在采取对数形式之后是平稳的，因此剔除了异方差和异常值的影响，说明我们采用的样本数据适合进行回归分析。

3. 格兰杰因果检验（Granger causal relation test）

在确定时间序列的平稳性之后，接下来就可以检验自变量和因变量之间的因果关系。2003 年诺贝尔经济学奖得主克莱夫·格兰杰（Clive W. J. Granger）开创了著名的格兰杰因果检验方法，旨在根据过去经济变量之间的所有信息判断其相互之间的因果关系，并据此推测未来在因变量作用下自变量可能的变化趋势。不过，需要指出的是，格兰杰因果检验是建立在数据平稳的基础上的，如果数据是非平稳的，则不适用格兰杰因果检验。不仅如此，格兰杰因果检验只是作为一种统计意义上的因果关系预测，并不能据此断定变量之间是否存在真实的因果关系。当然，也不能就此否认格兰杰因果检验的经济学意义，它仍然有助于我们从理论上推测变量之间可能存在的因果关系，并据此对经济政策做出选择或调整。

根据表 5-2 我们对数据平稳性检验的结果，格兰杰因果检验的结果显示如表 5-3 所示。

124

表5-3　　　　　　　　　　格兰杰因果检验结果

区域	原假设	F 统计量的值	P 值
东部	lnx 不是 lny 的格兰杰原因	6.11640	0.0058
	lny 不是 lnx 的格兰杰原因	0.67360	0.7247
中部	lnx 不是 lny 的格兰杰原因	9.75220	0.0070
	lny 不是 lnx 的格兰杰原因	1.00428	0.8322
西部	lnx 不是 lny 的格兰杰原因	0.47215	0.0021
	lny 不是 lnx 的格兰杰原因	1.93872	0.6864
全国	lnx 不是 lny 的格兰杰原因	9.50264	0.0016
	lny 不是 lnx 的格兰杰原因	0.03884	0.8464

　　以东部地区为例，表5-3的检验结果显示，lnx 不是 lny 的格兰杰原因的概率为0.0058，概率小于0.05，即可以认为：lnx 是 lny 的格兰杰原因，lny 不是 lnx 的格兰杰原因的概率为0.7247，概率大于0.05。因此，可以认为：lny 不是 lnx 的格兰杰原因。同理可以得到，在中部、西部地区以及全国：lnx 是 lny 的格兰杰原因，lny 不是 lnx 的格兰杰原因，因此，前面建立的模型符合我们的要求。

4. 模型分析

　　将前面计算所得的1995～2013年中国东部、中部、西部、全国的污染水平值和人均GDP的数据利用 EViews 6.0 软件进行回归操作，回归结果如下：

东部地区：
$$\ln Y_{1t} = 107.498 - 35.221\ln X_{1t} + 3.592(\ln X_{1t})^2 - 0.118(\ln X_{1t})^3$$
$$(5-5)$$

中部地区：
$$\ln Y_{2t} = 460.254 - 149.425\ln X_{2t} + 15.841(\ln X_{2t})^2 - 0.554(\ln X_{2t})^3$$
$$(5-6)$$

西部地区：
$$\ln Y_{3t} = 52.425 - 21.621\ln X_{3t} + 2.555(\ln X_{3t})^2 - 0.095(\ln X_{3t})^3$$
$$(5-7)$$

全国：

$$\ln Y_{4t} = 110.580 - 36.329 \ln X_{4t} + 3.718 (\ln X_{4t})^2 - 0.123 (\ln X_{4t})^3$$

$$(5-8)$$

从回归结果可以看出，我国东部、中部、西部以及全国的环境污染水平与人均 GDP 之间并不存在环境库兹涅茨倒 U 形曲线关系，而是均呈现出ᗐ形曲线关系。

为了更直观地展示中国环境污染水平与经济增长之间的关系，我们根据回归结果画出了东部、中部、西部及全国的环境库兹涅茨曲线，结果如图 5 – 1 所示。

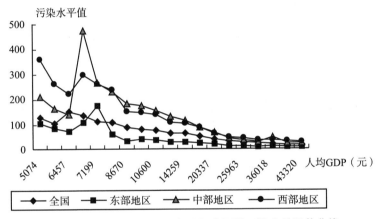

图 5 – 1　东部、中部、西部以及全国的环境库兹涅茨曲线

资料来源：人均 GDP 数值来源于历年《中国统计年鉴》或根据其中的数据计算所得，污染水平值是作者测算所得。

从图 5 – 1 可以看出，统计区间内：

（1）东部、中部、西部以及全国的环境污染水平与人均 GDP 之间均存在ᗐ形曲线关系。由图 5 – 1 我们可以看出，统计区间内，四条环境库兹涅茨曲线均有两个拐点。其中，第一个拐点出现时东部、中部、西部地区及全国的人均 GDP 分别为 6467 元、6360 元、6400 元、6300 元，第二个拐点出现时的人均 GDP 分别为 7199 元、6886 元、6800 元、6389 元。当三大地区及全国的人均 GDP 低于各自相应的第一个拐点的水平时，随着人均 GDP 的增加，环境污染水平处于下降的阶段，即在此期间内，经济增长并未带来环境污染的加重，反而实现了经济增长与环境保护的"双赢"。当人均 GDP 处于两个拐点之间时，随着收入水平的增加，环境污染水平也相应提高，即经济增长与环境处于"两难"阶段。当人均 GDP 越过第二个拐点后，随着人均 GDP 的不断增加，环境污染水平不断下降，再次进入环境保护与经济发展的"双赢"阶段。

（2）环境污染水平地区差异明显。统计区间的绝大部分时间里，中部地区的环境污染水平最高，西部地区次之，且与中部地区较为接近，东部地区最低。中西部地区的环境污染水平之所以较高，是和中西部地区经济发展主要依靠自然资源开发、利用有关，钢铁、煤炭工业的迅速发展，造成了污染物的大量排放，又由于技术等原因，污染物的处理和利用能力有限，使得环境污染水平居高不下。而东部地区由于产业结构调整升级、能源结构优化以及科技进步带来生产技术的提高、政府环境规制强度的提升等因素的影响，经济发展过程中产生的废弃物排放少、再利用程度高，环境污染水平相对较低。

（3）环境库兹涅茨曲线的拐点和陡峭程度不同。统计区间内，三大区域的环境库兹涅茨曲线均有两个拐点，其中第一个拐点均出现在人均 GDP 在 6400 元左右处，只是西部地区拐点的位置最高，中部地区次之，东部地区最低。但第二个拐点出现的位置差异较大。第二个拐点出现时，人均 GDP 水平最高的地区是东部地区，东部地区拐点出现的相对较晚，但拐点位置较低，环境库兹涅茨曲线较为扁平；中西部的拐点出现的稍早，但拐点位置较高，环境库兹涅茨曲线相对陡峭。原因在于东部地区多年来一直致力于经济的快速增长，对环境的关注相对较晚，或环境规制强度相对较弱，直至在经济发展水平达到人均 GDP 为 12749 元时，政府才对环境给予了更多的关注，环境规制增强，污染水平迅速下降。而另一方面，由于东部地区产业结构和能源结构相对高级化，再加上技术创新水平较高等因素的影响，所以尽管东部地区经济增长速度较快，但污染物排放相对较少，污染处理及再利用能力较强，所以其拐点尽管出现的较晚，但拐点位置偏低，环境库兹涅茨曲线相对扁平。而中西部在发展过程中吸收借鉴了东部地区"先污染、后治理"的经验教训，相对较早地采取了较为严格的环境规制政策，所以倒 U 形环境库兹涅茨曲线拐点出现得较东部要早（中部和西部在人均 GDP 分别为

5177 元和 4367[①] 元时出现第二个拐点)。但尽管中西部地区的经济发展速度和发展水平低于东部地区，可由于其产业结构、能源结构、技术水平等因素的影响，污染物排放总量相对较大，污染物处理和再利用能力较低，所以其拐点出现的位置较高，环境库兹涅茨曲线相对陡峭。

5.2 环境规制对污染密集型产业影响的区域差异

污染密集型产业，顾名思义是指产生污染物较多、对环境污染相对较重的产业。第二产业在我国国民经济中一直占据重要地位。国家统计局数据显示，2014 年第二产业对 GDP 的贡献率是近 20 年来的最低值，但仍高达 47.1%，足见其在国民经济中的重要性。而污染密集型产业又是第二产业的重要组成成分，其在整个 GDP 中的比重高达 34%[②]，对第二产业乃至整体经济的发展都有较大的影响。但是，毋庸讳言，污染密集型产业也是造成产出能耗高、污染治理难等环境问题的主要因素。而政府环境规制政策必然会对污染密集型产业的生产及经营产生重要的影响。由于经济、社会、历史、人文环境等各层面的差异，东部、中部、西部三大地区在环保政策和环保法律的执行广度和深度方面必然会存在较大的差异，污染密集型产业的分布及发展也因此会存在一定的地区差异。下面本书就从区位商、产业带动值两个方面对不同地区的污染密集型产业的发展状况进行考察，进而探究我国环境规制对污染密集型产业影响的空间差异。

5.2.1 污染密集型产业的选取

确切地说，各个产业在生产过程中都会直接或间接地产生不同程度的污染。目前，关于某一产业是否属于污染密集型产业，其衡量标准主要有二：一是环境污染水平；二是环境治理成本。为了与上述的环境规制水平相对应，本书选择环境污染水平作为污染密集型产业选择的衡量

---

① 历年《中国统计年鉴》。
② 国家统计局：《2007 年中国地区投入产出表》。

指标。本书按照 2017 年《中国环境统计年鉴》数据，对 41 个工业产业大类的污染排放水平进行分析，筛选出造纸及纸制品业、化学原料及化学制品制造业、纺织业、农副食品加工业、电力、热力的生产和供应业、黑色金属冶炼及压延加工业、煤炭开采和洗选业、饮料制造业、石油加工、炼焦及核燃料、食品制造业、医药制造业、非金属矿物制品业、有色金属冶炼及压延加工业、有色金属矿采选业、化学纤维制造业、黑色金属矿采选业等 16 个污染密集型产业，如表 5 - 4 所示。

表 5 - 4　　　1995～2016 年全国各污染密集型产业污染物排放量

行业	工业废水排放总量（万吨）	工业二氧化硫排放量（吨）	工业固体废物倾倒丢弃量（吨）
煤炭开采和洗选业	142220	124866	179000
黑色金属矿采选业	22766	24317	267600
有色金属矿采选业	50855	24486	173100
农副食品加工业	156566	237768	44900
食品制造业	56937	147116	4400
饮料制造业	74022	128577	5200
纺织业	237252	269806	4500
造纸及纸制品业	342717	496904	4500
石油加工、炼焦和核燃料加工业	87474	802051	6400
化学原料和化学制品制造业	274344	1261534	35300
医药制造业	57218	107604	5200
化学纤维制造业	35308	101466	500
非金属矿物制品业	29440	1997859	41700
黑色金属冶炼及压延加工业	106148	2406154	132400
有色金属冶炼及压延加工业	28835	1144323	8400
电力、热力生产和供应业	95575	7970337	155600

资料来源：根据 2017 年《中国环境统计年鉴》整理。

5.2.2　污染密集型产业区位商的区域差异

区位商又称专门化率，它由哈盖特（P. Haggett）首先提出并运用

129

于区位分析中，它在衡量某一区域要素的空间分布情况，反映某一产业部门的专业化程度，以及某一区域在高层次区域的地位和作用等方面，是一个很有意义的指标。在产业结构研究中，运用区位商指标可以分析区域优势产业的状况。一般来说，区位商越大表示该地区该产业专业化程度越高，分工优势越明显。如果某地区的某产业区位商小于或等于1，则说明该产业是自给性部门；如果区位商大于1，表示该产业是地区专业化部门，特别是当区位商大于 1.5 时，表示该产业具有明显的比较优势，而当区位商在 2 以上时，说明该产业主要为区外生产。区位商的计算公式如下：

$$区位商 = \frac{某地区 A 产业总产值/该地区总产值}{全国 A 产业总产值/全国总产值}$$

由于数据的局限性，本书运用 1996 年、2003 年与 2017 年《中国统计年鉴》及各地区统计年鉴数据，对各地区 16 个污染密集型产业的区位商进行计算，并根据东部、中部、西部各地区产业数值的平均值计算出各地区区位商的数值，如表 5 - 5 所示。

表 5 - 5　　　　　　　　　　污染密集型产业区位商

行业	区位商								
	东部			中部			西部		
	1995年	2002年	2016年	1995年	2002年	2016年	1995年	2002年	2016年
煤炭开采和洗选业	0.46	0.46	0.45	2.39	3.18	2.11	1.61	1.77	2.12
黑色金属矿采选业	2.06	1.99	1.20	1.13	1.51	0.88	17.10	2.66	1.12
有色金属矿采选业	0.40	0.71	0.55	1.87	1.75	1.38	238.24	3.26	2.15
农副食品加工业	0.95	0.77	0.77	1.31	0.91	1.55	68.74	1.23	0.90
食品制造业	1.40	1.24	1.09	1.02	1.15	1.23	3.03	1.62	1.07
饮料制造业	1.23	1.21	1.18	1.03	1.03	1.26	67.42	1.85	1.35
纺织业	0.96	0.98	0.88	0.79	0.46	0.62	5.05	0.48	0.42
造纸及纸制品业	0.96	0.98	1.28	1.33	0.74	0.76	11.01	0.91	0.61
石油加工、炼焦及核燃料加工业	1.03	0.62	1.71	0.87	1.88	0.67	1.51	1.32	1.92
化学原料及化学制品制造业	0.91	1.03	0.88	1.06	0.89	0.95	317.99	1.18	0.94

行业	区位商								
	东部			中部			西部		
	1995年	2002年	2016年	1995年	2002年	2016年	1995年	2002年	2016年
医药制造业	1.06	1.31	1.12	1.79	1.20	1.43	4.19	1.36	0.75
化学纤维制造业	1.15	1.11	1.17	0.58	0.45	0.63	5.10	0.56	0.52
非金属矿物制品业	0.94	0.88	1.54	1.14	0.98	1.27	89.48	1.08	0.94
黑色金属冶炼及压延加工业	1.04	0.98	1.02	1.10	1.52	0.90	8.56	1.20	1.11
有色金属冶炼及压延加工业	0.68	0.54	0.50	1.26	1.82	1.28	11.63	3.07	2.15
电力、热力的生产和供应业	0.89	0.52	1.16	0.97	1.48	0.98	8.75	1.58	1.72

资料来源：根据 1996 年、2003 年、2017 年《中国统计年鉴》及各省（市）统计年鉴数据整理得到。

从横向比较来看，2016 年的数据显示，在所有 16 个污染密集型产业中，东部、中部和西部地区具有分工优势（区位商大于 1）的污染密集型企业分别有 10 个、8 个和 9 个。东部地区分工优势较明显的产业多是制造业，包括食品制造业、饮料制造业、造纸及纸制品业、医药制造业、化学纤维制造业、非金属矿物制造业；还有小部分集中在金属冶炼业及其加工业，包括黑色金属矿采选业、石油加工、炼焦及核燃料加工业、黑色金属冶炼及压延加工业、电力、热力的生产和供应业。中部地区具有分工优势的产业有煤炭开采和洗选业、有色金属矿采选业、农副食品加工业、食品制造业、饮料制造业、医药制造业、非金属矿物制品业、有色金属冶炼及压延加工业等对劳动力依赖较大的产业。综合污染排放考虑，这部分产业二氧化硫排放量较大，是造成现在东部和中部地区雾霾问题严重的一个重要原因。而在西部地区，几乎所有与金属冶炼及采选业有关的污染密集型产业的集中度都大于 1，比如煤炭开采和洗选业、有色金属矿采选业、黑色金属冶炼及压延加工业、有色金属冶炼及压延加工业、电力、热力的生产和供应业都是分工优势比较明显的产业，这依赖于西部地区丰富的自然资源。这种分工模式与我国资源分布的区域差异密切相关：西部地区有着丰富的矿产资源，所以像煤炭开采、金属开采以及金属冶炼等工业多分布在此，而中部、东部地区，特别是东部地区自然资源相对短缺，但资本相对充裕、技术比较发达，所以像制造业、金属加工等产业多分布在此，而这些产业的污染物排放相对较少。

从纵向对比来看，统计区间内，东部地区在石油加工、炼焦及核燃料加工业、造纸及纸制品业、非金属矿物制品业、电力、热力的生产和供应业四个产业的区位商上升，尤其是后三个产业区位商由原来的小于1转为大于1，专业化优势增强；而黑色金属矿采选业、食品制造业、饮料制造业和有色金属冶炼及压延加工业的区位商下降，分工优势不再明显，甚至成为自给性部门。中部地区在黑色金属矿采选业、造纸及纸制品业、化学原料及化学制品制造业、黑色金属冶炼及压延加工业、有色金属矿采选业、医药制造业以及煤炭开采和洗选业等产业的集中度降低，尤其是前四个行业的区位商甚至由原来的大于1转为小于1，分工优势不再，但农副食品制造业、食品及饮料制造业的区位商结果有所上升。西部地区几乎所有污染密集型产业的集中度都有所下降，尤其是农副食品加工业、纺织业、造纸及纸制品业、化学原料及化学制品制造业、医药制造业、化学纤维制造业、非金属矿物制品业的区位商转为小于1，专业化分工优势不再，成为区域内自给性产业。

综上所述，我国污染密集型产业的地域分布与我国资源分布的地域差异有密切关系。西部地区多分布一些与矿产开采和加工有关的污染密集型产业，污染密集型产业的集中度出现普遍下降的趋势；中部和东部地区则分布一些与制造业相关的污染密集型产业，中部地区多数产业的集中度也呈现出下降趋势，只有个别产业的集中度上升；而东部地区有部分污染密集型产业的集中度下降，但是也有部分产业的集中度不降反升。总体来看，我国东部、中部和西部三大区域的污染密集型产业的区位商大多呈下降趋势，污染产业规模下降。究其原因，可能是随着收入水平的提高，政府环境规制不断加强，污染产业的发展受到越来越强有力的制约，整个经济增长日趋"绿色"化。

5.2.3 污染密集型产业带动值的区域差异

产业的带动作用是指由特定的经济主体（内在的或外生的）通过市场的或非市场的机制，对一个国家（或地区）的产业结构变化所带来的影响。目前关于产业带动影响的研究主要是以跨国公司为主：夏晓辉（1997）从技术进步和国产化两个方面分析跨国公司产业带动值；刘恩专（1998）在此基础上增加了有关产业结构优化的指标；王颖（2005）从理论上分析了上海浦东会展业对当地商品销售、餐饮业、交通业、旅游业、环保业的推动作用以及对长江三角洲地区的经济辐射作用；王国军（2004）和张红凤（2009）运用投入产出直接消耗系数对山东工业大类产业的带动值进行衡量。

本书用某一个产业对其他产业产品的消费量来衡量该产业对区域内经济的带动作用。《投入产出表》能够全面系统地反映国民经济各部门之间的投入产出关系，从中可以获得各部门生产过程中消耗其他部门产品作为中间投入产品的状况，从而测算出一定时期内某产业对国民经济其他产业的带动力。本书用《2007 年中国地区投入产出表》中的 42 部门的中间投入及总产出数据衡量产业的带动作用。其中，某产业的中间投入数值表示该产业在生产过程中消耗其他产业产品的价值，在很大程度上可以用来表示该产业对其他产业的带动作用。所以，本书选择中间投入指标作为污染密集型产业对其他产业带动作用的衡量指标，并根据东部、中部、西部地区的分类标准取得区域内带动值的平均值作为各个地区的产业带动值，如表 5-6 所示。

表 5-6   2007 年各地区污染产业带动值

产业	产业带动值（亿元）			中间投入占 42 部门总产出的比例（%）		
	东部	中部	西部	东部	中部	西部
煤炭开采和洗选业	1888.58	2526.75	1145.03	0.37	1.57	1.02
金属矿采选业	2095.95	1044.48	736.04	0.41	0.65	0.65
食品制造及烟草加工业	16453.15	7866.98	4508.49	3.23	4.88	4.01
纺织业	14337.50	2117.29	809.66	2.82	1.31	0.72
造纸印刷及文教体育用品制造业	8472.25	1713.29	711.04	1.67	1.06	0.63
石油加工、炼焦及核燃料加工业	10068.17	3025.41	2584.58	1.98	1.88	2.30
化学工业	32760.54	7079.2	3854.51	6.44	4.39	3.42
非金属矿物制品业	9619.30	4255.62	1576.59	1.89	2.64	1.40

产业	产业带动值（亿元）			中间投入占 42 部门总产出的比例（%）		
	东部	中部	西部	东部	中部	西部
金属冶炼及压延加工业	28189.85	9755.40	7394.35	5.54	6.05	6.57
电力、热力的生产和供应业	11160.37	3730.54	3200.24	2.19	2.31	2.84
总计	133157.1	43114.96	26520.53	26.17	26.74	23.56

资料来源：根据《2007 年中国地区投入产出表》整理得到。

通过表 5-6 可以看出：

（1）东部、中部、西部三大区域污染密集型产业的带动作用总体比较大，产业波及程度高，对经济的影响较大。根据《2007 年中国地区投入产出表》中的总产出指标，计算出上述污染密集型产业产值在 42 部门产业总产值中所占的比例分别为东部 34.87%、中部 38.73%、西部 35.53%。由此可见，污染密集型产业在三大区域的地位举足轻重，在很大程度上影响着各区域经济增长的速度和走势。从各部门中间投入的角度来看，污染密集型产业消费 42 个部门总产品的比重自东向西依次为 26.17%、26.74% 和 23.56%，作为中间投入品的污染密集型产业在三大区域的 42 部门总产品中的平均比重超过了 25%，在整体地区经济中具有不可忽视的影响。再从产业带动值来看，2007 年在东部、中部、西部三大区域内，除却西部地区的造纸印刷及文教体育用品制造业（711.04 亿元）、金属矿采选业（736.04 亿元）和纺织业（809.66 亿元）不足 1000 亿元外，其余地区的所有污染密集型产业的带动值都在 1000 亿元以上，带动值最高的东部地区的化学工业甚至高达 32760.54 亿元，对地区经济增长产生了不可或缺的、积极的推动作用，产业带动作用较大。

（2）东部、中部、西部三大区域污染密集型产业的带动作用差异明显。其中，东部地区的产业带动值最大，十大污染密集型产业的总带动值达 135045.66 亿元，分别是中部和西部的 3 倍和 5 倍。其中，东部地区的 6 大产业（食品制造及烟草加工业、纺织业、石油加工、炼焦及核燃料加工业、化学工业、金属冶炼及压延加工业、电力、热力的生产和供应业）的带动值都在 10000 亿元以上，化学工业的带动值更是达到了 32760.54 亿元，对其他产业的带动作用非常大。考虑到 2010 年之前东部地区环境规制绩效一直高于中西部地区的现实，如图 4 - 2 所示，我们可以得出这样的结论：东部地区基本实现了环境规制与经济协调发展的目标。中部地区污染密集型产业的带动作用较东部次之。尽管中部地区各污染密集型产业的带动值都在 1000 亿元以上，但总带动值只有 43114.96 亿元，仅为东部地区的 1/3。西部地区污染密集型产业的带动作用最小，10 个产业中仅有 7 个产业的带动值超过了 1000 亿元，总带动值只有 26520.53 亿元，仅相当于中部的 2/3、东部的 1/5。究其原因，除却中西部地区本身的自然、历史、社会等因素较东部较差外，一个重要的原因可能是东部地区长期以来相对严格的环境规制实现了"波特假说"的预期：恰当设计的环境规制政策会促进企业的技术创新，进而提高企业的生产经营效率。而中西部地区的环境规制则没有实现这一良性互动，环境规制增加了企业的遵循成本，降低了企业的竞争力。这可能是中西部地区的环境规制政策设计不够合理，环境规制强度与当地的经济、社会发展情况不相符所致。不过，如果考虑到不同区域经济发展水平和经济规模的差异，污染密集型产业对经济带动作用的区域的差异或许没有像前面看到的那样大。众所周知，由于经济发展阶段不同，东部地区的经济发展水平和经济规模远远高于中西部地区。相应地，污染密集型产业带动值也必然会有相同或类似的表现，即东部地区污染密集型经产业带动值远远高于中西部地区，这从表 5 - 6 中可以清楚地看出。另外，从表 5 - 6 中我们还可以看到，东部、中部、西部三大区域污染密集型产业中间投入占 42 部门总产出的比例分别为 26.17%、26.74% 和 23.56%，数值大小非常接近，基本都在 25% 左右上下波动，这就在很大程度上说明，如果联系到经济规模的区域差异的话，污染密集型产业对经济增长的带动作用在三大区域基本类似。

综上所述，环境规制对污染密集型产业影响的区域差异主要表现在两个方面：

第一，污染密集型产业的区域分工优势清晰，环境规制对区位商的影响效果存在明显的地区差异。具体来说，东部地区主要分布的是一些资本和技术密集型产业，如石油加工、金属冶炼等，部分产业的分工优势有所加强；中部地区主要分布的是一些劳动密集型污染产业，如食品制造业、纺织业等，大多数产业的分工优势趋于下降；西部地区主要分布的是一些资源密集型污染产业，如矿产资源开采、电力供应等产业，产业分工优势普遍呈下降趋势。

第二，中国的东、中、西部地区污染密集型产业在经济中均占有相当高的比重，但产业带动值区域差异较大。在东部、中部、西部三大区域中，污染密集型产业产值在 42 个产业部门中所占比重大多在 35% 左右，对经济和社会发展有着不可忽视的影响。不仅如此，在三大区域内污染密集型产业对其他产业具有明显的产业带动作用，带动值平均超过了 68000 亿元[①]，产业波及度较高。但污染密集型产业带动值的区域差异也很明显，东部地区甚至分别达到了中部和西部地区的 3 倍和 5 倍。其中既有资本、技术的因素，也有环境规制政策的因素，即东部地区基本实现了"波特假说"所预测的经济与环境的"双赢"，而中西部地区却仍处在经济与环境规制关系的传统阶段，即环境规制增加了产业成本，降低了产业效率。不过，如果考虑的经济发展水平及经济规模的因素，污染密集型产业对经济的带动作用在三大区域的差异并不明显。

5.3 环境规制对社会资本环境 保护投资影响的区域差异

社会资本环境保护投资是指除却政府财政环境保护投资之外的、社会资本用于环境保护方面的支出。环境保护，人人有责。作为公共物品，环境保护市政府的重要职责。但是，生活于其中的每一位市场主体，在从环境中索取各种资源供人们消费的同时，也对环境造成了损害，资源匮乏和环境污染正日益成为经济社会发展的瓶颈。所以，在政府积极进行环境保护的同时，包括生产者和消费者在内的社会各界也有义务、有责任积极加入环境保护这项伟大的事业中，为人类的可持续发展做出我们应有的贡献，表现在环境保护投入上，就是社会资本的环境保护投入将会越来越多，并将会逐渐取代政府，成为最主要的环境保护投资来源。毫无疑问，政府作为环境保护的最重要的规制主体，其规制

---

① 根据《2007 年中国地区投入产出表》计算所得。

政策的实施必然会在很大程度上应向社会资本的投资方向和投资结构。譬如，政府财政投资规模和投资结构在很大程度上体现着政府的政策意图，必将对社会资本的投资方向产生较强的引导作用。近年来，随着政府财政在环境保护方面的投资支出越来越多，投资增速不断提高，甚至超过的同期 GDP 和财政总支出的增长速度，充分说明政府对环境保护的重视和支持甚至超过了对经济增长关注。而政府对环境保护的关注和支持以及在这方面日益增加的财政投入必然会对社会资本的环境保护投入产生较强的引导和带动作用，从而进一步放大了政府规制的环境保护效应。不过，由于不同地区自然、历史、经济、社会等因素的差异，环境规制对社会资本环境保护投入的影响必然会表现出一定的区域差异性。

5.3.1　社会资本环境保护投资区域差异的现状分析

近年来，随着政府环境规制力度的不断加大和人们环境保护意识的逐渐增强，在政府财政环境保护投资快速增加的同时，社会资本用于环境保护方面的投资也呈现出不断增加的趋势。具体地，我国社会资本环境保护投资状况见表 5 - 7。

表 5 - 7　　　　　社会资本环境保护投资占 GDP 的比重　　　　单位：%

地区	2006 年	2007 年	2008 年	2009 年	2010 年	2011 年	2012 年	2013 年	2014 年
全国	0.83	0.88	0.95	0.74	1.02	0.91	0.98	1.02	0.89
东部	0.91	0.91	0.93	0.76	0.98	0.88	1.00	0.85	0.82
中部	0.48	0.46	0.50	0.55	0.63	0.77	0.95	0.97	0.73
西部	0.27	0.37	0.23	0.07	0.18	0.47	0.75	1.05	1.09

资料来源：根据 2006 ~ 2014 年《环境统计年鉴》计算所得。

由表 5 - 7 中可以看出，2006 ~ 2014 年，中部和西部的社会资本环境保护投资占 GDP 的比重略有起伏，但整体还是呈现上升的趋势，中部的社会资本环境保护投资占 GDP 的比重从 2006 年的 0.48% 上升到 2014 年的 0.73%，其中 2013 年的数值达到最高，高达 0.97%。相比于中部，西部的上升趋势更加明显，从 2006 年的 0.27% 上升到 2014 年的

1.09%，上升了 0.82 个百分点。相比于中部和西部地区，东部地区社会资本环境保护投资占 GDP 的比重在 2006 年到 2014 年，没有明显的波动，近几年来还略有下降，不过下降幅度较小。这可能是因为相对于中西部地区，东部地区的产业结构日趋优化，第二产业、污染密集型产业在区域经济中的比重逐渐下降，而较为清洁的高新技术产业、现代服务业的比重逐渐提高，从而社会资本的环境保护投入在地区 GDP 中的比重趋于下降。

虽然从东部、中部、西部以及全国社会资本环境保护投资占 GDP 的比重来看，2006~2014 年，似乎增加并不明显，但我们从表 5-8 可以看出，这几年来，社会资本环境保护投资额的增长还是十分明显的，东部地区从 2006 年的 116.4 亿元上升到 2014 年的 278.2 亿元，增长了 139.1%，年均增长 17.4%；中部地区从 2006 年的 31.3 亿元上升到 2014 年的 147.2 亿元，增长了 370.1%，年均增长高达 46.3%；西部地区从 2006 年的 11.4 亿元上升到 2014 年的 136.6 亿元，增长了 1098.3%，年均增长 137.3%。通过对比，可以看出东部地区社会资本环境保护投资总额是远远高于中部和西部地区的，不过这几年的增长率西部地区和中部地区远高于东部地区，尤其是西部地区，年均增长率比中部地区和东部地区增长率之和还要高，这一方面是由于西部地区最初的社会资本环境保护投资总额较低，在 2006 年只有 11.4 亿元，而东部地区在 2006 年就已经达到了 116.4 亿元；另一方面也可以看出，近几年来对环境保护的重视，中央和地方都加大了对环境保护的力度，也吸引了许多社会资本投资到环境保护中，从而使得社会资本环境保护投资得到了飞速增长。

表 5-8　　　　　　　社会资本环境保护投资总额　　　　　　单位：亿元

地区	2006 年	2007 年	2008 年	2009 年	2010 年	2011 年	2012 年	2013 年	2014 年
全国	1984	2391	3038	2591	4212	4473	5290	6081	5760
东部	116.4	130.9	171.9	146.1	268.1	227.8	267.6	270.7	278.2
中部	31.3	35.9	45.7	54.7	68.1	109.6	149.7	173.5	147.2
西部	11.4	14.9	14.1	15.4	30.6	56.1	84.8	121.5	136.6

资料来源：根据 2006~2014 年《环境统计年鉴》计算所得。

5.3.2　模型建立与分析

1. 模型建立

模型构建为了分析环境规制对社会资本环境保护投资的影响，本书将模型设定为：

$$\ln(\text{socexp})_{it} = \beta_0 + \beta_1 \ln(\text{fisexp})_{it} + u_{it} \qquad (5-9)$$

在式（5-9）中，socexp 表示社会资本环境保护支出，fisexp 表示财政环境保护支出，β_0 表示常数项，β_1 为待估参数，u 表示随机扰动项，i 表示地区，t 表示年份。为了使数据更加平稳，削弱数据的共线性和异方差性，对主要变量取自然对数。取对数后，经济变量具有弹性的含义。

2. 指标说明与数据来源

被解释变量为社会资本环境保护投资（socexp）。因为相关统计年鉴并没有关于社会资本环境保护投资的独立统计，如前所述，这里我们用全国环境保护投资总额减去财政环境保护支出（fisexp）表示该指标。为了剔除经济规模对社会资本环境保护投资的影响，我们用社会资本环境保护投资额占 GDP 的比重来表示社会资本环境保护投资的强度。

解释变量为政府环境规制。为了与被解释变量——社会资本环境保护投资（socexp）相对应，这里我们用财政环境保护支出（fisexp）来表示政府环境规制。同样，为了剔除经济规模对财政环境保护支出的影响，我们用财政环境保护支出占 GDP 的比重来衡量环境规制强度。

此处所用数据均来源于历年《中国统计年鉴》或根据其中数据计算所得。

3. 单位根检验

为了检验数据的平稳性，防止出现伪回归的问题，我们首先对取对数后的数据进行序列单位根检验，即对 lnsocexp、lnfisexp 进行单位根检验，检验结果如表 5-9 所示。

表 5 - 9   东部、中部及西部地区单位根检验结果

变量	东部地区	中部地区	西部地区
lnsocexp	-4.02 (0.00)*	-2.08 (0.01)*	-1.68 (0.04)*
lnfisexp	-6.39 (0.00)*	-7.31 (0.00)*	-2.67 (0.00)*

注：*表示在5%的显著性水平上拒绝原假设。

表 5 - 9 的单位根检验结果表明，各变量数据检验结果 P 值皆小于 0.05，即所有变量都能在 5%的显著性水平上拒绝"变量含有单位根"的原假设，所有变量不存在单位根，是平稳的，说明我们采用的数据适合进行回归分析。

4. 结果分析

为了避免数据中的自相关性和异方差性，我们采用广义最小二乘法（FGLS）对式（5 - 9）进行回归，回归结果见表 5 - 10。由于变量均取自然对数，表 5 - 10 中回归系数代表的是弹性值概念。

表 5 - 10   回归结果

变量	全国	东部	中部	西部
ln（fisexp）	0.352* (0.217)	0.117* (0.062)	0.169*** (0.063)	0.983*** (0.202)

注：括号内为稳健性标准误；"***""**""*"分别表示在1%、5%和10%水平上显著。

从表 5 - 10 可以看出以下两方面。

（1）环境规制对社会资本环境保护支出有明显的引导作用。东部、中部、西部以及全国的环境规制（财政环境保护支出）与社会资本环境保护支出之间都是正相关的关系，也即是说，环境规制的增强（财政环境保护支出强度的上升）都会带动社会资本环境保护投资强度的增加。具体来看，在全国层面，环境规制财政环境保护支出回归系数为 0.352，即财政环境保护支出强度每上升 1%，社会资本的环境保护投

资强度上升 0.352%。而就区域层面来看，回归系数分别为：东部为 0.117，中部为 0.169，西部最高为 0.983。

随着中央政府和地方政府对环境保护越来越重视，用于环境保护方面的财政支出不断增加。在中央和地方政府的带动下，人们对环境质量也越来越重视，社会资本用于环境保护方面的投资也必然相应增加。

（2）环境规制对社会资本环境保护支出的引导作用存在区域差异。从三大区域来看，自东向西，回归系数依次递增，即环境规制对社会资本环境保护支出的引导作用越来越大。西部地区的回归系数最高，达到了 0.983，即财政环境保护支出每增加 1%，会引导社会资本在环保领域的投资增加 0.983%，带动作用非常显著。相比于西部地区，东部地区和中部地区的回归系数分别只有 0.117、0.169，即环境规制强度每增加 1%，仅能引导社会资本在环保领域的投资增加 0.117% 和 0.169%，没有西部地区的引导作用那么显著。

环境规制对社会资本环境保护支出的引导作用自东向西逐渐增大，可能的原因在于经济发展水平的差异。东部地区，经济发展水平远高于中部和西部地区，在经济越发达的地区，市场投资的机会就越多，社会资本在投资时的选择空间就要比经济欠发达的地区更多，在这种情况下，政府财政支出的引导作用有限，从而财政环境保护支出对社会资本环境保护支出的带动作用较小。反观西部地区，经济发展水平比较低，在经济落后地区，没有过多的投资机会可供选择，在这种情况下，社会资本对代表政府行为或意图的财政支出更为敏感。另外，西部地区的发展为了避免走东部地区发展过程中"先污染，后治理"的发展路径，可能相对发达地区更早采取严格的环境规制政策，从而进一步促使社会资本投资于环境保护领域，因而财政环境保护支出对社会资本环境保护支出的带动作用较大。不仅如此，在欠发达的中西部地区，污染密集型产业在经济中的比重相对于发达的东部地区更大，从而使得政府环境规制政策的增强能够引导更多的社会资本投入环境保护事业中。

5.4　本章小结

本章分别从环境库兹涅茨曲线（EKC）、污染密集型产业和社会资本的环境保护投入三个方面对环境规制绩效的区域差异进行了实证分析。样本期内，我们并未得到严格意义上的倒 U 形 EKC 曲线，全国以及东部、中部、西部经济增长与环境污染均呈现出∽形关系。污染密集型产业的区域分工优势清晰，但环境规制对区位商的影响存在明显的地区差异：东部地区主要分布的是一些资本和技术密集型产业，部分产业的分工优势有所加强；中部地区主要分布的是一些劳动密集型污染产业，大多数产业的分工优势趋于下降；西部地区主要分布的是一些资源密集型污染产业，产业分工优势均呈下降趋势。中国的东部、中部、西部地区污染密集型产业在经济中均占有相当高的比重，作为中间投入品的污染密集型产业在三大区域的 42 部门总产品中的平均比重超过了25%，在整体地区经济中具有不可忽视的影响。但是，污染密集型产业带动值区域差异较大，西部地区最低，仅相当于中部和东部地区的62% 和 20%。不过，如果考虑的经济发展水平及经济规模的因素，污染密集型产业对经济的带动作用在三大区域的差异并不明显。环境规制对社会资本环境保护支出有明显的引导作用，但这种引导作用存在区域差异：自东向西，引导作用越来越大。

第6章 环境规制绩效区域差异的 影响因素及其稳健性检验

在对环境规制绩效区域差异的现实表现进行阐述、分析之后，有必要进一步深入探寻造成环境规制绩效在不同区域不同表现的具体原因，即分析环境规制绩效的影响因素，并对其进行适当的稳健性检验，从而为下一步提出优化和协调区域环境规制绩效、实现经济和环境的"双赢"提供有力的实证依据。

6.1 环境规制绩效区域 差异的影响因素

6.1.1 模型建立

利用计量经济学的分析工具，我们建立了的多元线性回归模型，实证分析环境规制绩效的影响因素。该函数表示如下：

$$Y = a_0 + a_1 GDP_{it} + a_2 CJ_{it} + a_3 NJ_{it} + a_4 HT_{it}$$
$$+ a_4 FDI_{it} + a_5 OFFICE_{it} + \varepsilon_{it} \tag{6-1}$$

其中，Y 表示环境规制绩效，GDP 表示经济发展水平，CJ 表示产业结构，NJ 表示能源结构，HT 表示环境污染治理水平，FDI 表示外商直接投资水平，OFFICE 代表所在省份的地方政府官员特征，ε 表示随机误差项，a_0 表示常数项，a_1、a_2、a_3、a_4 为各项待估参数，i 表示省份，t 表示年份。

6.1.2 指标说明与数据来源

1. 指标说明

（1）环境规制绩效（Y）。关于环境规制绩效的代理指标，目前学者们并未达成一致意见。有些学者采用单一指标衡量环境规制绩效，如：废水排放量、废气排放量、固体废物排放量等；有些学者则采用综合指标衡量环境规制绩效，即将多个单一指标和成为一个综合指标。客观地讲，不论是单一指标还是综合指标，都各有其优缺点：单一指标简单易行，但据此所得出的结论难免有失偏颇；综合指标虽然测算起来相对复杂，但由于其涵盖面较广，据此所得出的结论更加客观、真实，说服力较强。考虑到数据的代表性，我们采用前面4.2.3节中利用DEA方法测算所得的综合指标（详见表4-6）作为环境规制绩效的代理指标。

（2）经济发展水平（GDP）。一般地，衡量经济发展水平的指标主要有国内生产总值或人均国内生产总值。相对而言，人均国内生产总值能够更加真实、客观地反映出经济增长状况。因此，本书选取人均国内生产总值来衡量各地区的经济发展水平。由于倒U形环境库兹涅茨曲线的存在，环境污染水平随着经济发展呈现出先上升后下降的趋势。因此，经济发展水平与环境规制绩效之间的关系并不确定。

（3）产业结构（CJ）。根据目前学者们的研究，产业结构可以有不同的表示方法。此处我们使用第二产业产值占GDP的比重表示产业结构。由于环境污染主要来自第二产业的污染物排放，所以第二产业比重越大，环境污染将越严重。因此，预计产业结构与环境规制绩效负相关。

（4）能源结构（NJ）。能源主要包括煤炭、石油、天然气、太阳能、水能、核能、风能等。在我国的能源结构中，煤炭消耗量约占全部能源消耗量的70%以上。因此，我们选择煤炭消耗占比来表示能源结构。由于煤炭、石油等化石能源燃烧后对环境的污染较重，所以预计能源结构与环境规制绩效负相关。

（5）环境污染治理水平（HT）。衡量环境污染治理水平的指标较多，当前学者们使用最多的就是环境污染治理投资和工业污染治理投资。相对于工业污染治理投资，环境污染治理投资涵盖的范围更为广泛，代表性更强。因此，我们采用环境污染治理投资表示环境污染治理水平。但是为了避免区域间经济发展规模对实际污染治理投资水平的影响，我们采用环境污染治理投资总额占地区生产总值的比重来衡量环境污染治理水平。一般地，污染治理投资越多，环境规制绩效越好。因此，预计环境污染治理水平与环境规制绩效正相关。

（6）外商直接投资（FDI）。外商直接投资包括合同利用外资额和实际使用外资额两种情况。为了真实反映外商直接投资对环境规制绩效的影响，此处我们采用外商投资实际使用额来衡量外商投资水平。外商直接投资对环境规制绩效的影响表现在两个方面：一方面，外商直接投资会通过人才、资本和技术等的流动，带来管理与技术的高效率，或者通过其先进的环境管理体系的引入促进东道国环境质量的提高，即产生所谓的"污染光环效应"。另一方面，根据"污染避难所"假说，发达国家的产业为了逃避本国较严格的环境规制，会把高污染产业转移到发展中国家，进而造成发展中国家环境恶化。因此，外商直接投资对东道国环境质量的最终影响取决于以上两种效应的综合作用：如果"污染光环效应"大于"污染避难所"效应，则外商直接投资会改善东道国的环境质量；反之，外商直接投资会降低东道国的环境质量。所以，外商直接投资对环境规制绩效的影响并不确定。

（7）地方政府官员特征（OFFICE）。毫无疑问，环境质量受地方政府政策的影响较大，而地方主政官员的特征则在一定程度上影响着地方政府的决策。环境保护作为影响地方官员晋升的一个指标，具有不同特征的地方官员必然会对地方环境保护有差异化的影响。其中，最重要的两个特征分别是主政官员的晋升途径和是否有过中央从政经历。地方主政官员的晋升途径分为本地晋升和外地调入，现有研究指出，相对于外地调入的官员，本地晋升的官员可能在环境保护问题上有较差的表现。另外，有过中央从政经历的官员可能更有大局意识，如此一来会更加注重环境保护，而不仅仅是以发展经济为第一目标。综合来看，地方官员特征对环境绩效的影响不能作出准确预期。

2. 数据来源

环境规制绩效的数据使用本书 4.2 节中根据 DEA 方法测算所得的数据（见表 4-6），其余数据来源于历年《中国统计年鉴》《中国环境统计年鉴》，地方政府官员数据来自新华网与人民网的政务公开数据。由于我国各地区经济发展水平存在空间差异，各地区在技术创新、经济增长、环境规制强度等方面也有着明显的差距。因此，我们将全国29个省、自治区、市分为东部、中部、西部三个区域，划分方法与前文保持一致。具体数据见附录。

6.1.3 实证检验与分析

1. 单位根检验

为了避免出现伪回归的情况，首先需要对面板数据进行单位根检验。如果检验结果显示各变量为同阶单整，那么各个变量之间是平稳关系，可以直接做回归分析；否则，需要进一步对各个变量做协整检验，检验数据之间是否存在长期的稳定关系。如果变量之间存在长期的稳定关系，则可以继续进行回归分析。为了验证结果的可靠性，本书利用 EViews 6.0 软件，使用 LLC 检验方法对数据做面板单位根检验，检验结果如表6-1所示。

表6-1　　　　　东部、中部及西部地区单位根检验结果

变量	东部地区	中部地区	西部地区
环境规制绩效（Y）	-3.05 (0.00)*	-4.15 (0.00)*	-6.91 (0.00)*
经济发展水平（GDP）	-5.36 (0.00)*	-3.68 (0.00)*	-2.67 (0.00)*
产业结构（CJ）	-3.53 (0.00)*	-3.97 (0.00)*	-5.52 (0.00)*
能源结构（NJ）	-5.03 (0.00)*	-5.13 (0.00)*	-2.61 (0.00)*
环境污染治理水平 （HT）	-9.90 (0.00)*	-1.63 (0.05)*	-4.11 (0.00)*
外商直接投资（FDI）	-4.33 (0.00)*	-3.86 (0.00)*	-2.18 (0.01)*
地方政府官员特征 （OFFICE）	-4.52 (0.00)*	-4.38 (0.00)*	-5.31 (0.00)*

注：*表示在5%的显著性水平上拒绝原假设。

根据检验结果，各变量数据的 P 值皆小于 0.05，即所有变量都能在 5%的显著性水平上拒绝"变量含有单位根"的原假设，所有变量不存在单位根，是平稳序列，接下来可以对变量进行回归分析。

2. 变量释义与模型设定

我们的被解释变量是环境规制绩效（Y），在数值上，我们采用上文所述的用 DEA 方法计算得到的数据。在解释变量的选取上我们采用省级单位的年度数据进行统计。我们还要将地方政府官员特征变量（OFFICE）细化为晋升路径（LOCAL）与是否有过中央从政经历（CENTER）两个虚拟变量，如果是本地晋升的官员，我们令 LOCAL = 1，否则为 0；如果有过中央从政经历，我们令 CENTER = 1，否则为 0。

由于面板数据存在截距和时间的两维特征，如果模型设定不恰当，将会造成参数估计的较大偏差。因此，在对参数进行估计之前，首先要对模型的设定形式进行检验。根据个体及时间效应的表现形式不同，面板数据有三种模型形式：混合模型（mixed effect model）、固定效应模型（fixed effects model）与随机效应模型（random effect model）。本书通过借鉴以往相关文献的研究，首先将采用最小二乘法（OLS）作为基准回归。其次，为了保证回归结果的稳健性，我们进一步采用固定效应模型（FEM）进行回归。回归结果如表 6 - 2 所示。

147

表6－2　　　　　　　　　　回归结果

变量	OLS			FEM		
	东部	中部	西部	东部	中部	西部
LOCAL	− 0.005 * (0.115)	− 0.078 (0.084)	− 0.079 (0.078)	− 0.062 * (0.166)	− 0.091 (0.102)	− 0.001 (0.151)
CENTER	0.051 * (0.108)	0.013 ** (0.084)	0.074 * (0.081)	0.006 * (0.126)	0.014 ** (0.108)	0.036 * (0.107)
GDP	0.016 ** (0.030)	0.009 ** (0.046)	0.012 ** (0.029)	0.037 ** (0.065)	0.035 ** (0.076)	0.009 ** (0.053)
CJ	− 0.640 ** (1.152)	− 1.756 * (1.002)	− 0.296 * (0.859)	− 1.372 * (0.061)	− 2.309 * (0.322)	− 1.729 * (0.209)

变量	OLS			FEM		
	东部	中部	西部	东部	中部	西部
NJ	0.279 * (0.580)	− 0.089 * (0.293)	− 0.015 * (0.372)	0.024 ** (0.824)	− 0.152 ** (0.986)	− 0.296 (0.463)
HT	− 0.598 * (0.461)	− 0.315 * (0.355)	0.090 * (0.130)	− 0.695 ** (0.636)	− 0.389 ** (0.567)	0.315 (0.422)
FDI	− 0.004 (0.007)	− 0.002 (0.019)	0.001 (0.016)	− 0.011 (0.017)	0.004 (0.030)	− 0.005 (0.060)
_cons	0.631 (0.532)	0.339 (0.371)	0.870 *** (0.200)	0.457 (0.480)	0.169 (0.961)	0.208 (0.732)
N	80	80	90	80	80	90

注：括号内为稳健性标准误，"***"、"**"、"*"分别表示在 1%、5%、10% 的水平上显著。

根据表 6 − 2 的回归结果，得出东部、中部和西部的模型估计结果如下：

东部地区：

$$Y = 0.457 - 0.062LOCAL_{it} + 0.006CENTER_{it} + 0.037GDP_{it}$$
$$+ 1.372CJ_{it} + 0.024NJ_{it} - 0.695HT_{it} - 0.011FDI_{it} \quad (6-2)$$

中部地区：

$$Y = 0.169 - 0.091LOCAL_{it} + 0.014CENTER_{it} - 0.035GDP_{it}$$
$$+ 2.309CJ_{it} - 0.152NJ_{it} - 0.389HT_{it} + 0.04FDI_{it} \quad (6-3)$$

西部地区：

$$Y = 0.208 + 0.001LOCAL_{it} + 0.036CENTER_{it} + 0.009GDP_{it}$$
$$+ 1.729CJ_{it} - 0.296NJ_{it} + 0.315HT_{it} - 0.005FDI_{it} \quad (6-4)$$

3. 结果分析

总体来说，经济发展水平（GDP）、产业结构（CJ）、能源结构（NJ）、污染治理水平（HT）和外商直接投资（FDI）以及官员特征（LOCAL 与 CENTER）对环境规制绩效都有显著影响，但是不同区域特征下其影响模式也有所不同。其中：

经济发展水平（GDP）与环境规制绩效总体呈正相关，即经济发展水平越高，环境规制绩效越好。这可能是因为随着经济发展，人们的收入水平的增加，从而使环保意识更强，更加注重环境质量的改善。进而环境与经济的协调发展更容易实现，环境规制效率提高，这说明中国三大区域均已越过了倒 U 形环境库兹涅茨曲线的拐点，实现了环境与经济的"双赢"。不过，三大区域经济发展水平对环境规制绩效的影响程度不同：东部地区影响程度最高，经济每增长 1%，环境规制绩效提高3.7%。中部地区其次，经济每增长 1%，环境规制绩效提高 3.5%。西部地区最弱，经济每增长 1%，环境规制绩效提高 0.9%。可能的原因是，经济发展水平越高的地区环境规制强度越大，再加上技术创新、产业结构优化等因素的影响，环境规制绩效比落后第地区更好。

产业结构（CJ）与环境规制绩效负相关。即第二产业在 GDP 中所占比重越大，环境规制绩效越低，这可能意味着中国的第二产业目前仍是以粗放型发展为主，这样就会导致在发展过程中存在大量的资源消耗和较重的环境污染。所以随着第二产业在国民经济中比重的提高，环境规制绩效趋于降低。不过，产业结构对环境规制绩效的影响在不同地区的表现不同，通过回归结果我们可以发现中部地区表现出的反向关系最为明显，东部地区和西部地区的反向关系则相对较弱。这跟前面我们分析的污染密集型产业带动值的区域差异相符。根据前面的分析，污染密集型产业的中间投入占 42 部门总产出的比重表现出一定的空间差异性。其中，中部地区该数值最高，达 26.74%，而东部和西部地区该数值则分别为 26.17% 和 23.56%。污染密集型产业一般隶属于第二产业，因此污染密集型产业占比越高的地区，第二产业的污染程度越重。

能源结构（NJ）与环境规制绩效之间的关系不确定。在东部，能源结构与环境规制绩效正相关，而中部和西部则负相关。这说明，在东部地区，即使在能源消耗结构中煤炭占比提高，但由于环境规制政策的制定和实施得当，或者是先进设备和先进技术的应用，使得煤炭燃烧释放的污染物得到较好的控制和处理，环境规制绩效仍然得以提高，虽然煤炭消耗占比每提高 1 个百分点，环境规制绩效仅增进 0.024 个百分点，但这种正相关趋势还是值得肯定的，毕竟实现环境与经济的协调发展是我们所希望的。而中部和西部地区则相反，煤炭的大量使用带来了严重的环境污染，环境规制绩效趋于降低，这说明中西部地区的环境规制政策需进一步完善，治污技术有待提高。

污染治理水平（HT）与环境规制绩效之间关系的地区差异明显。东部与中部地区的污染治理水平与环境规制绩效负相关，而西部地区则正相关。究其原因，一是东部和中部地区尽管经济发展水平相对西部较高，但其经济发展在很大程度上是以牺牲环境为代价的，尽管污染治理投资占地区生产总值的比重增大使得环境质量的下降速率得到一定的遏制，但仍无法抵消与较快经济增长相伴随的更为严重的环境污染，再加上污染治理投资增加所带来的大量成本支出，环境规制绩效趋于降低。西部地区尽管经济发展水平较低，但其单位产值的污染物排放相对也较少，所以随着污染治理水平的提高，环境质量改善明显，环境规制绩效提高。二是虽然东部和中部地区环境污染治理投入的总量规模较大，但相对于其庞大的经济总量来讲，仍然微乎其微，作用有限。以财政环境保护支出为例，实践中我们可以观察到，2007～2015年，东部和中部地区财政环境保护支出年均达到97亿元和91亿元，但其仅分别相当于同期GDP总量的0.41%和0.65%，其中财政环境保护支出规模最大的广东更是达到了年均197亿元，但仅占其同期GDP总量的0.35%，财政环境保护支出对环境质量的改善效应难以抵消经济快速增长带来的环境污染的加重。而在西部地区，虽然财政环境保护支出规模小于东部和中部地区，年均仅为79亿元，但由于其经济总量相对较小，因此财政环境保护支出占GDP的比重年均达到了1.09%[①]，财政环境保护支出的环境效应较为显著，有利于环境质量的改善。

外商直接投资（FDI）与环境规制绩效之间的关系不确定。中部地区的外商直接投资水平与环境规制绩效之间正相关，东部和西部地区则负相关。这说明，我国中部地区在引进外资时，较好地配合了产业结构调整和优化以及环境保护的战略意图，对外资的投资方向和投资结构控制得较好，从而出现了"污染光环效应"；而东部和西部地区在引进外资时可能存在环境门槛过低的情况，环境规制政策设计不够合理，或者环境规制政策执行不够严格，大量外资投向了污染密集型产业，从而成了发达国家的"污染避难所"。虽然该指标系数的绝对值不大（东部和西部分别为 − 0.011 和 − 0.005），但这一现象还是值得关注的。

---

① 根据《中国统计年鉴（2008～2016）》整理所得。

主政官员晋升路径（LOCAL）与环境规制绩效呈现出并不显著的负相关关系，这意味着本地晋升的地方官员更不利于提高当地的环境规制绩效。究其原因，可能是因为本地晋升的地方官员由于存在"惯性"发展思维，以及各种多年来形成的相对固化的"利益联盟"等问题，无法对环境问题产生足够的重视，甚至面对一些环境问题可能存在"有心无力"的情况。这一问题在东部地区影响最显著，中部地区影响最大，而西部地区则几乎不存在这一问题。

主政官员的中央从政经历（CENTER）与环境规制绩效正相关，这意味着相对于普通的地方官员，有过中央工作经历的官员在处理环境问题上可能有更好的效果。其原因可能是有过中央工作经历的官员，其处理问题的视野更开阔，更能站在全局的角度看待问题。不过，三大地区在这一问题上存在不同的特征，其中西部地区的有过中央工作经历的官员对地方环境绩效影响最大，中部其次，东部最弱。

6.2 稳健性检验

稳健性检验，顾名思义就是对模型的稳健性进行检验，是通过改变参数设定来实现的。如果改变参数设定以后，模型估计方向和显著性没有发生改变，则说明模型是稳健的；否则，则模型不是稳健的，需要寻找问题的所在。在基准回归分析中，环境规制绩效的测度是利用主成分分析法将多个单项指标合成为一个综合指标为标准。进一步地，为了检验模型的稳健性，本书分别用工业废水达标排放率、工业二氧化硫去除率、工业固体废物处置率三个具体的单项指标作为新的被解释变量替代原被解释变量——环境规制绩效进行回归，检验结果如表6-3、表6-4、表6-5所示。

表6-3　　　　　　工业废水达标排放率及其影响因素

变量	东部	中部	西部
LOCAL	-0.062 (0.065)	0.070 *** (0.026)	-0.035 (0.074)

续表

变量	东部	中部	西部
CENTER	0.063 *** (0.024)	0.011 (0.029)	0.105 ** (0.051)
GDP	0.026 ** (0.011)	0.025 (0.021)	0.018 (0.026)
CJ	-0.739 ** (0.319)	-0.484 (0.362)	-3.591 *** (1.011)
NJ	0.111 (0.242)	0.405 (0.280)	2.008 *** (0.667)
HT	-0.049 (0.112)	-0.027 (0.151)	-0.657 *** (0.205)
FDI	-0.005 (0.005)	-0.022 *** (0.008)	-0.051 * (0.029)
_cons	13.094 *** (0.185)	13.339 (0.371)	13.425 *** (0.355)
N	80	80	90

注：括号内为稳健性标准误，"***""**""*"分别表示在1%、5%、10%的水平上显著。

表6-4　　　　　　　工业二氧化硫去除率影响因素分析

变量	东部	中部	西部
LOCAL	-0.032 (0.044)	-0.073 *** (0.029)	-0.053 (0.012)
CENTER	0.052 *** (0.019)	0.031 (0.043)	0.109 ** (0.035)
GDP	0.045 ** (0.013)	0.045 (0.012)	0.015 (0.035)
CJ	-0.699 ** (0.279)	-0.611 (0.369)	-5.211 *** (0.035)

变量	东部	中部	西部
NJ	0.134 (0.235)	0.705 (0.380)	-1.908*** (0.797)
HT	-0.039 (0.109)	-0.043 (0.171)	-0.957*** (0.405)
FDI	-0.003 (0.005)	0.022*** (0.001)	0.061* (0.027)
_cons	13.074*** (0.159)	13.356 (0.851)	13.345*** (0.355)
N	80	80	90

注：括号内为稳健性标准误，"***""**""*"分别表示在1%、5%、10%的水平上显著。

表6-5 工业固体废物处置率影响因素分析

变量	东部	中部	西部
LOCAL	-0.085*** (0.025)	-0.068*** (0.019)	-0.115** (0.049)
CENTER	0.076*** (0.027)	0.089*** (0.025)	0.109** (0.035)
GDP	0.035** (0.014)	0.032 (0.006)	-0.016*** (0.003)
CJ	-0.579** (0.168)	0.007* (0.004)	-0.047*** (0.015)
NJ	0.150** (0.070)	-0.341* (0.150)	0.065*** (0.012)
HT	-0.168** (0.069)	-0.012*** (0.003)	0.321*** (0.050)
FDI	-0.233** (0.063)	-0.017*** (0.003)	0.069* (0.023)

变量	东部	中部	西部
_cons	9.701 *** (0.493)	9.666 *** (0.493)	9.634 *** (0.535)
N	80	80	90

注：括号内为稳健性标准误，"***""**""*"分别表示在1%、5%、10%的水平上显著。

与表6-2的回归结果相比，表6-3中将被解释变量更换为工业废水达标排放率时，我们发现总的来说各项解释变量对环境治理的影响与最初的回归结果类似。官员晋升路径对环境治理的影响在三大地区的表现与最初的回归结果相似。有过中央工作经历的官员对被解释变量的影响只有东部地区不显著，但是影响方向均没有差异。而东部不显著的原因可能是东部地区河流不多，且处于承接东西部的位置，在废水问题的处理上可能面临一定的困难，虽然有过中央工作经历的官员的到任可能会在一定程度上缓解，但是效果并不显著。对比其他影响因素，GDP与产业结构对被解释变量的影响在东部、中部、西部与之前相似。在能源结构上，三大地区的影响方向与之前完全相反。而环境污染治理投资的影响方向均为负，这意味增加对环境污染治理的投资对于提高废水达标率有较为重要的作用。在外商直接投资方面，三大地区均呈现出负相关，这说明"污染避难所"很有可能是通过增加污水排放的形式来形成的。

将被解释变量替换为工业二氧化硫去除率时，回归结果见表6-4。与表6-2回归结果相比，表6-4中工业二氧化硫处置率影响因素分析中，中部和西部地区在因素影响方向和显著性方面并无明显区别。东部地区在能源结构（NJ）、外商直接投资（FDI）及环境污染治理投资（HT）影响方向上存在明显的区别，而地方官员的特征（LOCAL、CENTER）则没有明显的区别。表6-4中，能源结构（NJ）的系数为负，说明东部地区能够产生二氧化硫的产业分布相对较少，或者其控硫技术较高，因此即使煤炭的消耗增加，二氧化硫排放量仍在减少。外商直接投资（FDI）的系数为 -0.003，说明东部地区不但能够产生二氧化硫的产业分布相对较少，而且 FDI 流向主要为非二氧化硫产生产业，所以即使 FDI 增加，其对二氧化硫的排放也没有产生影响。环境污染治理投资（HT）的系数为负，而且达到了 0.039，说明随着环境污染治理投资的增加，对东部地区二氧化硫的排放起到了显著的增加作用。

表 6-5 显示的是将被解释变量替换为工业固体废物处置率的回归结果。与表 6-2 的基准回归结果相比，表 6-5 中工业固体废物处置率的影响因素分析中，东部地区在外商投资水平方面，中部地区在产业结构、能源结构、外商投资水平，西部地区在经济发展水平、能源结构和环境污染治理投资水平方面都存在着明显区别，不能通过稳健性检验。但是与此相对应的是地方官员的特征与之前相比并没有发生明显的变化，这意味着地方官员的特征对地方环境治理的影响有一定稳定性。

如上所述，由于各产业产生工业废水、二氧化硫、固体废物的规模不同，所以不同地区的不同产业分布必然会对更换解释变量之后的模型产生影响。

6.3 本章小结

在影响环境规制绩效的诸因素中，非本地晋升的地方官员、地方官员的中央从政经历、经济发展水平和产业结构与环境规制绩效正相关，而能源结构、污染治理水平和外商直接投资与环境规制绩效的关系不确定，东部、中部、西部三大地区因具体情况不同而存在明显差异。在稳健性检验过程中，本书先后通过两种方式对原模型进行检验：一是将被解释变量进行替代，即利用三个具体的单项指标分别替代原有的综合性指标进行检验；二是为了更全面地对模型的稳健性进行检验，追加了一种换取模型形式的检验方法。观察到的结果是，尽管个别指标、个别地区环境规制绩效及其影响因素之间的关系存在一定的差异，但总体来看，本书设定的固定效应模型对该问题的解释能力是稳健的，各变量对环境规制绩效的影响并不会随着参数设定的改变而发生变化。

第7章 结论及对策建议

科学研究的最终目的是为了解决现实问题。通过对历史经验教训的总结和现实问题的分析，探索出解决问题的思路和途径，从而促进经济社会的进步与发展，这才是理论研究的主旨。因此，在对环境规制绩效的区域差异进行历史分析和实证讨论的基础上，本章将有针对性地提出有关协调区域环境规制政策、提高环境规制绩效，从而促进区域协调发展，进而提高我国整体环境质量，实现经济与环境的"双赢"的富有建设性的、切实可行的政策建议。

7.1 主要研究结论

环境问题已成为全人类共同关注的焦点之一。经济的快速增长在带给我们丰裕的物质享受的同时，环境污染也日益加剧，几乎每一个国家都难以避免地重复着环境库兹涅茨曲线的发展路径（只不过不同国家环境库兹涅茨曲线的形状有所不同），中国也没有例外。改革开放后，中国在取得令世人瞩目的经济增长"奇迹"的同时，也遭受了并正在遭受着日益严重的环境污染。加强环境规制，提高环境质量，已成为实现可持续发展的一项迫在眉睫的重要工作。尽管中国已采取了一系列环境规制措施，并很大程度上有效地遏制了环境质量持续恶化的态势，但由于中国地域广大，不同地区受各种不同因素的影响，环境规制绩效会表现出一定的差异性，分析并探讨这些差异及其影响因素，有利于进一步优化并改善区域环境规制绩效，进而促进国家整体环境质量的提高。通过理论与实证分析，本书得出的主要结论如下：

（1）政府环境规制主要通过以下四个环节对环境质量发生影响：

一是环境规制对消费者的收入分配效应。政府实施环境规制政策后，不同消费品的价格会发生不同的变化，主要表现为：污染品的价格上升，"绿色"消费品的价格相对下降。消费品价格的结构性变化，会对消费者的收入产生再分配效应，促使消费者改变消费倾向，调整消费结构，优化消费方式，实现清洁消费。二是环境规制会对生产者产生生产结构调整效应和技术创新效应。一方面，在买方市场条件下，消费结构的"绿化"将带动生产结构的"绿色"转型；另一方面，政府环境规制政策的实施，使高污染产品的生产成本上升，而低污染或无污染的环保产品的生产成本相对下降，从而促使生产者更多地生产"绿色"产品。不仅如此，为了消化掉环境规制带来的成本增加，生产者会加大技术创新的力度。这样一来，不仅能够实现清洁生产，而且有助于增强企业的竞争力，这种技术上的先动优势为保障企业在国际市场上领先地位提供了坚实的支撑。三是环境规制对政府环保努力的循环强化效应。环境规制本是由政府推动的一种环境保护行为，但随着环境规制政策的实施，整个社会的环境保护意识得到不断提高。这样一来，反过来会对政府的环境规制提出更高的要求，促使环境规制进一步强化，从而放大了政府环境规制的效果。四是环境规制的区域协调效应。环境规制可以促进资金、技术、人才等生产要素在区域间的流动和经验教训的区域间借鉴，帮助落后地区发挥后发优势，最大限度地减少经济发展的环境成本；区域间环境规制协调机制的建立有利于协调不同区域的经济环境利益，实现跨区域的联合环境治理；体现不同区域资源环境特点和环境承载能力的差异的环境规制政策的实施，有利于将不同地区的资源环境优势转化为生产力优势，实现经济与环境的"双赢"。

（2）中国的环境规制绩效总体上呈现出逐渐上升的态势，尤其是2002年以后，环境规制绩效水平的提高迅猛稳健，说明我国的环保意识和环保力度正在逐渐加强。不过在这一过程中，区域间环境规制绩效的变动趋势和速率有所差异。具体而言，2010年之前的大部分时间里，中部和西部地区的环境规制绩效高于东部地区，但从2010年开始，东部地区的环境规制绩效开始明显超越中部和西部地区；统计区间内，中部和西部地区的环境规制绩效很相近。而且基于具体指标（水污染、大气污染和固体废物污染）的环境规制绩效呈现出明显的区域差异。

（3）环境库兹涅茨曲线（EKC）的区域差异较为明显。统计区间内，我们并未得到严格意义上的倒 U 形环境库兹涅茨曲线，全国以及东部、中部、西部经济增长与环境污染均呈现出∨形曲线关系。统计区间的绝大部分时间里，中部地区的环境污染水平最高，西部地区次之，且与中部地区较为接近，东部地区最低。在倒 U 形曲线部分，东部地区拐点出现的较晚，但污染水平较低，环境库兹涅茨曲线较为扁平；中西部地区的拐点出现的相对较早，但污染水平较高，环境库兹涅茨曲线较为陡峭。

（4）环境规制对污染密集型产业影响的区域差异明显。一是污染密集型产业的区域分工优势清晰，环境规制对区位商的影响效果存在明显的地区差异。具体来说：东部地区多分布一些对资本和技术要求较高的产业，部分产业的集中度上升；中部地区多分布一些对劳动力数量要求较高的污染密集型产业，且大多数产业的集中度下降；西部地区则多分布一些对资源禀赋要求较高、污染较重的资源密集型产业多，几乎所有产业的集中度普遍下降。二是中国的东部、中部、西部地区污染密集型产业在经济中均占有相当高的比重，但产业带动值区域差异较大。在三大区域内，污染密集型产业对其他产业均具有明显的产业带动作用，带动值平均超过了 6800 亿元，产业波及度较高。但污染密集型产业带动值的区域差异也很明显，东部地区最高，甚至分别达到了中部和西部地区的 3 倍和 5 倍。

（5）环境规制对社会资本环境保护支出的影响存在区域差异。实证结果显示，东部、中部、西部以及全国的环境规制（以"财政环境保护支出"表示）与社会资本环境保护支出之间都呈现出明显的正相关关系，即政府环境规制对社会资本的环境保护投资产生了明显的引导作用。但是，这种引导作用表现出明显的区域差异性，即且自东向西，环境规制对社会资本环境保护支出的引导作用越来越大。究其原因，可能主要在于经济发展水平的差异。相对于欠发达地区，发达地区有着更多的投资机会，从而使得社会资本对代表政府环境规制意图的财政环境保护支出的投资规模和投资方向的变化不够敏感。而在欠发达地区，投资机会相对较少，社会资本更容易受政府规制政策的影响。不仅如此，在欠发达的中西部地区，污染密集型产业在经济中的比重相对于发达的东部地区更大，从而使得政府环境规制政策的增强能够引导更多的社会资本投入环境保护事业中。

（6）在影响环境规制绩效的诸因素中，非本地晋升的地方官员、地方官员的中央工作经历、产业结构以及经济发展水平能够正向提高环境规制绩效，而污染治理水平、外商直接投资以及能源结构对环境规制绩效的影响并不确定，指标系数的方向受相关因素的影响而在东部、中部、西部三大区域表现出明显的地区差异性。在随后的稳健性检验中，在分别更换了被解释变量、解释变量和样本期后，虽然对模型产生了一定的影响，从而使得回归结果产生了一定的差异，但是这些的差异都比较细微，并且相关变量的显著性和方向基本没有大的变化，并不影响最终的研究结论，意味着本书设定的原回归模型通过了稳健性检验，回归结论是可靠的。

7.2　优化和协调区域间环境规制绩效的政策建议

中国是一个大国，环境质量的提高有赖于各个区域环境规制绩效的提高，单纯某个区域环境质量的改善，并不能从总体上提升中国的环境质量。这不仅需要中央政府的努力，更在很大程度上取决于地方政府的目标选择与积极努力。所以，为了进一步优化和协调区域间环境规制绩效，进而促进中国环境质量的整体改善，本书从中央政府和地方政府两个角度提出相关政策建议。

7.2.1　基于中央政府的角度

1. 建立区域间协调机制

环境质量的整体提高需要各地区、各部门的积极配合与密切协作，否则，就会出现木桶理论中的"短板效应"，使已有的环保努力大打折扣，特别是在跨流域、跨地区污染治理方面，这种情况更加突出。因此，有必要建立一种有效的区域间协调机制，促进区域间环境治理的协同推进。在此方面，我们可以学习和借鉴加拿大建立的环境部长理事会（Canadian Council of Ministers of the Envinronment，CCME）的做法，成立一个专门机构主要负责推动跨部门、跨地区环境治理的统筹协调工作，其成员由各部门和各省、市、自治区的环境保护负责人构成。该机构每年应就相关环境问题分享相关信息，进行对话与商讨，协商确定有关环境规制政策。若遇到重大环境事件发生，该机构应该及时召开会议，共同探讨并尽快确定有效的应对措施，避免事态进一步恶化，争取将环境污染带来的损失减至最低。为了保证工作的透明度和高效率，该机构的议题、议程与协议内容要及时向社会公众、新闻媒体和各党派公开，接受来自各方面的参与和监督，促进协议的贯彻落实。同时，该机构还应就相关环境保护责任进行明确划分，避免发生环境事件时不同部门、不同地区间相互推诿。也就是说，在从事环境保护工作时要明确产权，尽量避免其中的投机行为或"搭便车"行为。正如科斯教授所言：明确产权，并制定制度保护产权，这是经济发展和社会进步的条件，环境保护也同样如此。

2. 实行差异化区域环境规制政策

不同区域由于历史、地理、政策等各方面条件的差异，对国家的相关政策会表现出不同的反应。如果政策标准和力度与当地经济社会的发展相适应，则会表现为较高的政策效率，从而有利于国家政策意图的实现；反之，政策效率就比较低，甚至为负。因此，在制定环境规制政策时，政府需要考虑不同区域的实际情况，在规制目标、规制强度、规制工具等方面实行差异化规制，保证各地区在实现一定经济目标的同时，实现一定的环境目标，即实现经济与环境的"双赢"。从动态的角度考虑，随着经济社会的发展和区域自身条件的变化，其对国家政策的反应会有不同的表现，即一般会经历从不适应到逐渐适应、从政策反映低效率到政策反映高效率的过程。因此，政府在制定环境规制政策时，不仅要考虑到不同区域当前的经济与环境状况，还要考虑到同一区域在动态发展过程中的变化，即环境规制政策应随时随地灵活调整。这种灵活适度、随机调整的环境规制政策虽然会增加政府的调节成本，但相对于其能更好地促进环境保护来讲，还是值得关注的。

3. 改革地方政府激励模式

如前所述，环境规制绩效的高低很大程度上取决于地方政府在环境保护工作上的努力程度。为了充分调动地方政府环境保护的积极主动性，我们应进一步改善地方政府激励模式。

（1）加大"绿色"考核指标在考核体系中的权重。尽管近几年国家已提出"绿色 GDP"的思想，并尝试在实践中推行，但效果并不理想。根据吕明元等（2014）的研究，虽然环境约束促进了工业生态效率的提高，但整体工业生态效率依然偏低，未来节能减排仍有很大的空间。建议在政绩考核体系中加大"绿色"指标的权重，如环境保护投资占 GDP 的比重、地方财政支出中环境保护支出的比重等，甚至对"绿色"指标不合格者在评优和职务晋升上实行"一票否决制"，切实增加地方政府的环境保护激励。不过，在此过程中要注意地区差别，可以借鉴国际上二氧化碳减排所采取的"共同但有区别的责任"原则，要求发达地区努力改变现有发展模式，承担更多的环境保护责任；对于落后地区，环境保护要求可以适当放宽，但要尽可能减少经济增长的环境代价，努力使 KEC 曲线更加扁平。

（2）将民众意见纳入考核体系。对于地方政府所提供公共服务的数量和质量，当地居民最具有发言权。而地方政府之所以在环境保护、社会公平等公共服务上的投入不足，很大程度上是因为"居民满意度"并未进入地方政府的政绩考核体系，或者该指标虽已进入考核体系，但由于其权重过小，不能对政府官员的升迁产生足够的影响。因此，建议将逐渐提高"居民满意度"在地方政府政绩考核体系中的权重，这样既能在一定程度上促进中国的民主制度建设，又有利于调动广大民众环境保护的积极性，促使地方政府充分尊重民意，加大环境保护力度。

4. 加大对技术创新的扶持力度

毫无疑问，环境保护需要技术创新，而且技术创新在环境保护过程中的作用举足轻重，环境保护从根本上依赖于技术创新的支持。当前世界上一些国家在环境保护领域的主导地位，从根本上取决于其在"绿色"技术创新上的领先优势。但是，技术创新具有正外部性。所以，推动技术创新不仅仅是企业的"家事"，也是政府的责任。为了推动技术创新，政府的工作重点主要有两点：

（1）适当加大研发经费的投入。充裕的研发经费是进行技术创新必要的资金保障。如果我们的环境规制如波特教授所言，是"恰当设计的"，但若没有相应匹配的研发经费，环境规制将难以通过刺激创新"对本国企业的国际市场地位产生正面影响"。因此，加大研发经费的投入，是促进技术创新的有效措施。不过值得注意的是，我国目前的科研管理体制应进行适当调整，政府要加强基础科学研究，而应用科学研究则主要由企业承担，并且借鉴西方国家的做法，采取政府购买的方式，即政府事先公开需要研发的某项技术，相关企业均可参与研发，对于研究结果，政府将择优购买。这样一来，既避免了现有体制下政府事前盲目投放科研经费造成的资金使用低效率问题，又刺激了企业技术创新的积极性，从而有利于培养企业成为最重要的技术创新主体，为经济的长期发展注入持久动力。

（2）增加人力资本投资。在知识经济的 21 世纪，一个企业或一个国家的核心竞争力是技术创新，而技术创新有赖于人力资本投资。实践证明，人力资本比物质资本更能够促进经济的长期增长。人力资本投资的主要部分是教育投资。鉴于目前中国人力资本投资少且不平衡的现实，我们首先要进一步增加人力资本投入。除继续增加政府的教育投资外，也要积极鼓励非政府的教育投资，努力提高教育投资占 GDP 的比重。其次，要促进区域间人力资本投资的平衡与协调。国家要在总体上增加教育投入的基础上，调整投资结构，适当增加对中西部地区和农村的教育投入，促进区域间人力资本投资的平衡。

5. 加强中央与地方的人员交流

根据本书的分析，有过中央工作经历的官员会有助于环境污染的治理，这就提示我们要加强中央——地方的交流。对中央来说，地方官员如果到中央工作，不仅仅是对地方官员的培养，让其具备更优秀的素质，更是可以通过地方官员获得当地的实际情况，在做出决策时可以结合实际，避免出现政策不符合事实，从而导致的无法落实的情况。对地方来说，中央官员的调入，可以开阔地方政府的视野，能够更加全面地考虑问题，处理好经济发展与环境保护的关系。

6. 加大对环境违法违规事件的惩处力度

根据制度经济学的观点，制度在经济社会发展过程中发挥着至关重要的作用，制度制定是否科学合理，既定制度是否得到有效的贯彻执行，很大程度上决定着一个国家发展的速度与质量。正如新制度经济学的代表人物——科斯教授所言，政府的任务是明确产权，并采取必要的措施保护产权，这才是经济社会发展和进步的必要条件。所以，在环境保护领域，政府首先要制定科学合理的法律法规，明确规定市场主体在节能减排方面那些行为是合法的，那些行为是违法的，以及违法行为将要受到的相应惩处。不过值得注意的是，相对于制度的制定，制度的执行更值得关注。在执法过程中，环境规制机构应该依法行政，更要严格执法。不被执行的制度不如没有制度。如果规制机构不能严格执法，不仅使已有的法律法规形同虚设，更会有损政府的公信力。所以，对于环境违法违规行为，要依法严格追究相关责任单位和责任人的民事、行政，甚至是刑事责任，并实行终生追责制，从而给各市场主体明确的行为预期，促使其严格按照国家的法律法规行事，最大限度地保护环境。

7.2.2 基于地方政府的角度

1. 调整产业结构

根据前面的实证结果，第二产业在 GDP 中比重的提高会降低环境规制的绩效。所以，适度降低第二产业的比重是提高环境规制绩效的一个重要内容。尽管从产业结构的演变规律来看，第一、第二、第三产业的顺序发展是一个自然的、循序渐进的过程，但这并不意味着政府在此方面就无所作为。实际上，市场调节配合以政府的产业政策调控，可以更快更好地实现产业结构的合理化和高级化。所以，政府应设法促进产业结构的优化升级，逐步提高对环境破坏较轻的第三产业在国民经济中的比重，适当降低污染相对较重的第二产业的比重。其次，还应及时改善第二产业的内部结构，逐渐减少污染密集型产业的比重，提高资本、技术密集型产业，特别是高新技术产业、"绿色"产业的比重，改变过去那种高消耗、高污染、低产出的发展路径，转向低消耗、低污染、高产出的新型工业化发展道路，主要通过生产效率的提高实现经济增长，争取以较小的资源环境代价实现预期的发展目标。

2. 优化能源结构

尽管中国东部和中部地区煤炭消费在能源消费结构中比重的提高并未降低环境规制绩效，而是实现了经济和环境的"双赢"，但可以肯定的是，如果能源消费更趋向于清洁化，环境规制绩效会更好。鉴于此，本书给出的建议是：

从长期看，应尽可能地减少煤炭、石油等高碳能源的消费，逐步提高清洁能源、可再生能源的比重。从世界能源消费结构的演变来看，1980～2012年，煤炭、石油等高碳能源在全球能源消费总量中的比重由72.1%下降到66%，而同期清洁能源、可再生能源的消费比重则由27.9%上升到34%，提高了6.1个百分点。但是，中国在能源消费结构的改善方面远落后于世界平均水平。譬如，据专家们预测，中国的清洁能源——天然气的储量达约为30多万亿立方米，但截至2012年底，探明储量有43790亿立方米，探明率仅1/6，天然气在能源消费结构中不到5%，而世界平均水平为24%。再譬如，近10多年来，核能在世界能源消费构成中已达5%，而我国目前仅为0.8%。[①] 天然气、核能都是清洁能源，政府应在资金、技术、政策等方面给予支持，大幅度提高其在能源消费结构中的比重，进一步优化能源结构。

从短期看，要严格控制煤炭、石油等高碳能源的消费数量，并力争实现清洁高效地使用。不论从全球还是从中国的能源资源禀赋来看，煤炭、石油等化石能源的比重都是最高的，特别是中国，煤炭消耗一直在70%左右，再加上清洁能源、可再生能源的开发和利用需要技术、资金、政策等的突破和支持，因此在一个较长时期内，煤炭、石油等化石能源在能源消费中的主导地位很难动摇。但是，短期内，政府可以借助价格、信贷等手段，尽可能地控制煤炭、石油等的消费量，并通过新设备、新技术的推广应用，实现化石能源的清洁使用，这是减少化石能源的使用对环境造成的污染的核心问题。

3. 优化外商直接投资（FDI）结构

外商直接投资可以为东道国带来资金、技术和先进的管理经验，促

---

① 朱训. 从资源国情实际出发优化能源结构［N］. 中国矿业报，2014－10－14.

进经济增长和就业率的提高，这对于发展中国家来讲显得尤为重要。这一点，已在中国的经济增长实践中得到了证实。但是，值得注意的是，"污染避难所假说"已在中国的西部地区成为现实，即西方国家在产业升级过程中，将大量的污染产业转移至中国西部地区，从负面影响了西部地区环境规制绩效的提高。所以，在引进外资的过程中，地方政府应转变观念，不能仅仅为了增长而引进外资，而应密切配合中国经济转型和产业结构调整的大格局，设置必要的环境门槛，引导外资流向国家重点支持的高新技术产业和"绿色"环保产业，争取在促进经济增长的同时，实现环境质量的提高。

4. 吸取其他国家和省市的经验教训

"他山之石，可以攻玉。"在经济社会发展过程中，地方政府应注意充分吸收世界其他国和地区以及本国其他省市的经验教训，争取少走弯路，以尽可能小的代价实现预定的发展目标。譬如在环境保护过程中，落后地区应尽量避免走发达国家或地区"先污染、后治理"的发展路径，在经济发展的初期就注意环境保护，加强环境规制，努力通过产业结构调整、技术创新、开发和利用清洁能源和可再生能源等方法提高经济效率，降低发展过程中的资源环境成本，实现经济社会的可持续发展。当然，国家也应鼓励环境规制绩效高的地区积极向环境规制绩效低的地区分享环境规制的技术、人才、经验等，帮助后者提高环境规制绩效，从而缩小环境规制绩效的区域差异，促进全国环境质量的整体提升。

165

7.3　有待进一步解决的问题

（1）样本期间有待延长。在实证研究过程中，样本期间足够长的话，研究结论会更具有说服力。譬如，中国政府的环境规制是自 20 世纪 70 年代开始的，如果能取得从那时起一直到现在 40 多年的研究数据，会极大增强研究结论的可信度。但是，20 世纪七八十年代中国的相关统计数据并不完整，特别是数据的统计口径经常变动，加之本书采用的是面板数据，不仅需要收集时间序列数据，还需要收集各个省份的相关数据，数据收集的难度更大。因此，限于数据的可得性，本书只是分析了 1995~2016 年的 22 年间的相关数据，这也是下一步研究需要进一步解决的问题之一。

（2）实证研究方法有待更新。随着计量经济学的不断发展，新的实证研究方法不断涌现。但是，由于笔者对计量经济学的研究水平有限，未能掌握最新的实证研究方法，本书所用的只是一些最基本的方法，这是下一步有待努力的方向之一。

附 录[*]

表 1   1995 ～ 2016 年中国各省份、三大地区及全国的
环境污染水平值（东部地区）

年份	上海	北京	天津	山东	广东	江苏
1995	59.47	127.54	110.69	88.89	62.68	84.63
1996	53.98	95.41	76.83	74.63	46.6	69.26
1997	40.79	72.28	73.17	65.01	34.25	52.92
1998	38.64	158.51	60.29	72.61	80.47	71.75
1999	27.05	52.83	42.25	54.3	63.45	54.58
2000	22.82	40.88	60.56	48.67	41.33	48.38
2001	7.48	18.27	21.84	12.23	20.29	26.14
2002	17.01	18.58	38.38	37.59	30.89	37.9
2003	13.9	11.95	35.46	35.32	28.7	37.63
2004	10.79	10.42	25.3	28.92	24.82	30.65
2005	9.7	7.76	23.33	25.96	22.09	26.92
2006	8.65	4.02	19.24	21.76	18.14	21.55
2007	7	2.93	15.42	17.74	14.3	16.45
2008	5.39	2	11.2	13.92	11.58	12.53
2009	4.4	1.89	8.76	11.46	9.56	10.61

---

[*] 为了对环境规制绩效进行更深入地分析，本书将中国划分为三大区域。东部地区包括北京、福建、广东、海南、河北、江苏、辽宁、山东、上海、天津、浙江，共 11 个省份；中部地区包括安徽、河南、黑龙江、湖北、湖南、吉林、江西、山西，共 8 个省份；西部地区包括甘肃、广西、贵州、内蒙古、宁夏、青海、陕西、四川、新疆、云南，共 10 个省份。西藏、香港地区、澳门地区和台湾地区由于部分年份数据不完整，将其剔除，为保持数据的一致性与可比性，重庆归入四川进行合并处理。

年份	河北	浙江	海南	福建	辽宁	东部平均值
2010	3.32	1.59	8.2	10.09	8.04	8.75
2011	3.48	1.82	7.11	15.33	5.46	7.64
2012	3.11	1.22	5.77	10.49	4.92	6.22
2013	3.33	0.76	4.14	9.12	4.82	6.02
2014	3.32	0.75	4.01	8.85	4.75	6.01
2015	3.08	0.73	3.95	8.25	4.68	5.98
2016	3.08	0.68	3.93	8.08	4.62	5.89
1995	147.83	59.3	105.23	45.64	213.77	100.52
1996	122.92	47.23	120.54	36.89	185.51	84.53
1997	105.24	42.65	100.66	25.97	160.64	70.33
1998	150.84	89.92	102.74	25.62	323.74	106.83
1999	129.44	74.5	121.94	32.18	157.54	73.64
2000	112.36	53.4	71.47	31.06	115.9	58.80
2001	56.84	27.09	38.96	15.01	86.36	30.05
2002	82.3	36.13	54.89	23.52	68.8	40.54
2003	75.49	32.84	49.89	30.38	58.1	37.24
2004	32.67	26.74	47.53	28.11	51.43	28.85
2005	28.43	24.25	54.41	32.26	57.36	28.41
2006	24.65	20.14	37.93	27.71	51.78	23.23
2007	17.66	15.39	28.4	21.86	41.02	18.02
2008	13.03	12.99	19.2	18.03	29.2	13.55
2009	10.19	11.29	17.51	15.6	23.56	11.35
2010	8.49	9.25	14.75	12.72	17.93	9.38
2011	24.74	7.66	12.52	11.12	18.61	10.50
2012	19.93	6.42	11.41	8.92	16.47	8.63
2013	22.59	9.51	11.18	8.23	14.98	8.61
2014	21.88	8.89	11.01	8.09	14.35	8.56
2015	23.45	9.21	10.89	7.89	14.02	8.36
2016	20.89	8.56	10.56	7.56	13.78	8.01

资料来源：笔者测算所得。

表 2　　　　　1995～2016 年中国各省份、三大地区及全国的
环境污染水平值（中部地区）

年份	吉林	安徽	山西	江西	河南	湖北	湖南	黑龙江	中部平均值
1995	153.68	128.4	623.19	217.48	113.15	117.44	213.79	110.05	209.65
1996	119.81	113.01	450.62	153.04	83.49	94.32	173.33	91.7	159.92
1997	99.24	102.72	409.55	99	92.78	80.91	133.12	78.27	136.95
1998	111.64	158.46	2845.9	107.74	126.7	140.62	209.64	72.88	471.70
1999	94.19	129.8	1286.36	137.5	120.51	114.97	172.25	66.93	265.31
2000	75.48	76.2	1055.05	131.56	104.82	85.88	225.96	60.28	226.90
2001	48.12	74.04	867.05	105.32	63.51	69.22	174.76	44.86	180.86
2002	53.44	56.48	819.93	72.56	82.82	68.12	183.93	47.71	173.12
2003	45.51	66.39	696.81	82.19	77.97	62.34	157.56	49.54	154.79
2004	44.32	57.04	557.32	75.26	69.97	55.77	135.8	47.8	130.41
2005	50.16	55.55	471.43	69.19	67.45	49.92	108.66	43.76	114.52
2006	43.29	47.08	325.61	57.44	52.85	42.37	85.34	39.01	86.62
2007	32.79	36.05	246.65	45.35	39.24	29.99	63.35	33.06	65.81
2008	23.3	29.51	135.79	36.02	28.13	22.01	45.17	24.86	43.10
2009	20.73	24.61	101.85	31.05	24.28	17.69	37.32	23.17	35.09
2010	15.27	19.12	72.01	23.78	19.76	13.12	25.75	17.83	25.83
2011	20.24	18.25	247.3	24.1	20.03	15.2	19.05	24.46	48.58
2012	14.57	16.37	65.73	21.13	17.12	12.98	25.79	23.41	24.64
2013	13.99	14.17	63.62	19.35	15.94	11.63	14.81	22.17	21.96
2014	13.45	13.89	62.58	19.21	15.25	11.58	13.87	21.87	20.45
2015	14.26	13.58	61.47	18.35	14.38	11.26	13.26	21.21	19.21
2016	13.37	13.02	60.89	18.02	14.01	10.98	12.98	20.89	18.79

资料来源：笔者测算所得。

169

表 3　　　　　1995～2016 年中国各省份、三大地区及全国的
环境污染水平值（西部地区）

年份	云南	内蒙古	四川	宁夏	广西	新疆	甘肃	贵州	陕西	青海	西部平均值
1995	1045.14	315.49	285.21	428.87	181.35	382.6	327.47	184.26	288.40	124.74	287.47
1996	709.56	255.64	240.99	371.55	134.91	237.25	188.10	128.80	212.38	106.65	213.49

年份	云南	内蒙古	四川	宁夏	广西	新疆	甘肃	贵州	陕西	青海	西部平均值
1997	612.45	212.75	183.56	344.46	123.27	172.08	171.87	102.31	171.59	111.68	181.42
1998	789.76	193.66	324.71	326.21	198.56	300.52	168.80	268.60	207.86	158.96	244.16
1999	749.57	171.1	250.48	305.89	155.81	292.02	124.54	236.39	184.26	122.34	210.21
2000	657.93	145.35	242.73	337.05	213.18	209.99	120.26	181.66	155.76	103.39	194.61
2001	364	58.62	132.6	257.92	134.87	129.43	143.89	118.92	70.47	79.40	127.51
2002	270.44	105.75	161.86	245.02	139.69	146.26	105.98	102.25	104.86	63.32	131.95
2003	160.39	117.46	142.92	279.75	151.9	159.57	111.73	84.19	104.24	75.53	136.61
2004	87.38	63.38	114.37	184.37	130.87	163.74	90.48	65.41	91.66	87.21	109.94
2005	93.16	60.77	77.76	191.61	120.65	148.35	88.85	50.23	78.98	94.48	101.22
2006	97.42	35.27	78.98	173.96	90.6	147.43	69.16	37.05	64.97	77.38	86.20
2007	72.35	25.51	56.29	132.93	68.56	96.62	49.52	29.86	52.88	59.73	63.63
2008	42.23	17.56	39.66	91.57	53.21	82.08	39.80	19.83	35.40	47.92	47.40
2009	44.79	11.92	32.17	70.9	47.79	101.08	36.59	14.59	28.17	44.03	43.04
2010	30.09	12.77	26.47	68.14	35.8	64.21	33.45	11.55	21.94	40.36	34.92
2011	40.14	12.55	17.22	72.35	18.97	68.52	38.43	16.13	24.11	34.76	33.74
2012	35.32	12.63	14.09	62.9	17.33	59.32	31.34	13.53	20.95	32.64	29.47
2013	32.33	18.64	12.72	58.63	14.78	66.79	28.58	11.84	19.41	31.44	29.23
2014	31.45	17.58	12.56	56.78	13.56	68.74	28.24	11.56	18.59	31.02	28.54
2015	30.26	18.21	11.45	56.01	13.27	66.58	27.87	10.89	18.36	29.58	27.78
2016	28.49	17.23	10.28	55.23	12.89	63.87	27.21	10.21	17.58	28.02	27.25

资料来源：笔者测算所得。

表 4　　　　1995～2016 年中国各省份、三大地区及全国的
环境污染水平值（全国）

地区	1995年	1996年	1997年	1998年	1999年	2000年	2001年	2002年	2003年	2004年	2005年
全国	126.71	103.8	150.5	132.9	111.3	106.2	87.24	77.67	74.19	63.35	61.45

地区	2006年	2007年	2008年	2009年	2010年	2011年	2012年	2013年	2014年	2015年	2016年
全国	51.01	38.87	30.64	26.75	22.00	18.71	16.39	14.78	14.01	13.87	13.56

资料来源：笔者测算所得。

表 5　　　　　　　**2004～2016 年各省份人均 GDP、产业结构、**
能源结构、污染治理水平、外商直接投资

省份	年份	人均 GDP （万元／人）	产业结构 （％）	能源结构 （％）	污染治理水平 （％）	外商直接投资 （十亿美元）
北京	2004	4.09	30.7	41.06	1.53	3.08
	2005	4.60	29.10	39.70	1.23	3.53
	2006	5.17	27.00	36.97	2.10	4.55
	2007	6.01	25.50	33.92	1.98	5.07
	2008	6.45	23.60	31.02	1.46	6.08
	2009	6.69	23.50	28.97	1.72	6.12
	2010	7.39	24.00	27.07	1.64	6.36
	2011	8.17	23.1	24.16	13.1	7.05
	2012	8.75	22.7	22.58	1.92	8.04
	2013	9.46	21.7	21.56	2.20	8.52
	2014	10.00	21.3	21.22	2.93	8.56
	2015	10.65	19.7	20.89	1.79	8.79
	2016	11.82	19.3	20.01	—	9.01
天津	2004	3.06	54.19	68.02	1.46	2.47
	2005	3.78	54.67	66.46	1.93	3.33
	2006	4.21	55.06	60.46	0.93	4.13
	2007	4.80	55.07	56.75	1.18	5.28
	2008	5.87	55.21	52.91	1.07	7.42
	2009	6.26	53.02	50.10	1.38	9.02
	2010	7.30	52.47	50.36	1.19	10.85
	2011	8.52	52.43	49.47	1.55	13.06
	2012	9.32	51.68	46.11	1.22	15.02
	2013	10.01	50.38	42.51	1.33	16.83
	2014	10.52	49.20	40.25	1.77	17.08
	2015	10.80	46.60	38.96	0.76	17.85
	2016	11.51	42.30	37.89	—	18.69

省份	年份	人均 GDP （万元/人）	产业结构 （%）	能源结构 （%）	污染治理水平 （%）	外商直接投资 （十亿美元）
福建	2004	1.62	48.07	58.23	0.87	2.05
	2005	1.83	48.45	57.56	1.23	2.89
	2006	2.11	48.72	56.44	0.79	3.22
	2007	2.56	48.40	57.59	0.84	4.06
	2008	2.98	49.14	57.08	0.77	5.67
	2009	3.34	49.08	56.95	0.71	5.74
	2010	4.00	51.05	51.16	0.88	5.80
	2011	4.74	51.65	58.43	1.13	6.20
	2012	5.28	51.71	54.19	1.13	6.34
	2013	5.81	51.81	56.14	1.30	6.68
	2014	6.35	52.00	56.85	0.80	7.02
	2015	6.80	50.30	55.98	0.88	7.35
	2016	7.47	48.90	55.23	—	8.01
广东	2004	2.09	49.20	51.40	0.70	10.01
	2005	2.46	50.35	52.80	0.77	12.36
	2006	2.85	50.66	50.40	0.61	14.51
	2007	3.33	50.37	52.00	0.49	17.13
	2008	3.76	50.28	50.80	0.46	19.17
	2009	3.94	49.19	46.50	0.61	19.53
	2010	4.47	50.02	47.10	3.08	20.26
	2011	5.08	49.70	51.50	0.62	21.80
	2012	5.41	48.54	48.70	0.46	23.55
	2013	5.88	46.41	47.90	0.57	24.95
	2014	6.35	46.30	47.05	0.45	25.01
	2015	6.75	44.80	46.21	0.40	25.36
	2016	7.40	43.40	46.01	—	25.21

省份	年份	人均 GDP （万元/人）	产业结构 （％）	能源结构 （％）	污染治理水平 （％）	外商直接投资 （十亿美元）
海南	2004	1.01	25.08	29.20	0.94	0.64
	2005	1.12	26.21	30.60	0.70	0.68
	2006	1.28	28.96	27.70	0.79	0.75
	2007	1.49	29.04	30.70	1.22	1.12
	2008	1.77	28.18	30.00	0.87	1.28
	2009	1.93	26.81	32.10	1.19	0.94
	2010	2.38	27.66	31.60	1.14	1.51
	2011	2.89	28.32	33.60	1.11	1.53
	2012	3.24	28.17	36.50	1.57	1.64
	2013	3.57	25.09	38.60	0.85	1.81
	2014	3.89	25.00	38.71	0.60	1.95
	2015	4.08	23.70	39.21	0.60	1.89
	2016	4.43	22.40	38.56	—	2.12
河北	2004	1.25	50.74	68.38	1.04	1.62
	2005	1.47	52.65	73.97	1.20	1.91
	2006	1.67	53.28	69.39	1.13	2.01
	2007	1.97	52.93	74.35	1.24	2.42
	2008	2.30	54.34	71.71	1.29	3.42
	2009	2.46	51.98	74.51	1.44	3.60
	2010	2.87	52.5	71.26	1.82	3.83
	2011	3.40	53.54	74.56	2.54	4.68
	2012	3.66	52.69	74.05	1.83	5.80
	2013	3.89	51.97	68.28	1.73	6.45
	2014	4.00	51.00	67.89	1.55	6.89
	2015	4.26	48.30	66.58	1.30	7.26
	2016	4.31	47.60	65.01	—	8.01

省份	年份	人均 GDP（万元/人）	产业结构（%）	能源结构（%）	污染治理水平（%）	外商直接投资（十亿美元）
黑龙江	2004	1.24	52.35	76.59	1.16	1.24
	2005	1.44	53.90	75.96	0.85	1.45
	2006	1.63	54.18	73.84	0.88	1.71
	2007	1.86	52.02	73.00	0.83	2.09
	2008	2.17	51.96	80.20	1.19	2.55
	2009	2.24	47.29	75.40	1.26	2.36
	2010	2.71	48.47	77.69	1.27	2.66
	2011	3.28	47.39	77.80	1.21	3.25
	2012	3.57	44.1	78.19	1.59	3.90
	2013	3.77	40.45	77.41	2.08	4.61
	2014	3.92	36.90	77.25	1.21	4.85
	2015	3.95	31.80	77.05	1.04	5.01
	2016	4.04	28.60	76.89	—	5.26
吉林	2004	1.15	42.59	78.45	1.20	0.45
	2005	1.33	43.67	77.97	0.94	0.66
	2006	1.57	44.8	91.27	0.99	0.76
	2007	1.94	46.84	85.48	0.96	0.88
	2008	2.35	48.2	82.77	0.93	0.99
	2009	2.66	48.66	79.70	0.91	1.14
	2010	3.16	51.99	82.50	1.43	1.28
	2011	3.85	53.09	75.20	0.96	1.48
	2012	4.34	53.41	83.84	0.87	1.65
	2013	4.74	52.67	81.24	0.81	1.89
	2014	5.02	52.80	80.85	0.71	1.96
	2015	5.11	49.80	78.56	0.79	2.35
	2016	5.39	47.40	77.79	—	2.78

省份	年份	人均GDP（万元/人）	产业结构（%）	能源结构（%）	污染治理水平（%）	外商直接投资（十亿美元）
江苏	2004	2.00	56.24	70.14	1.33	12.14
	2005	2.46	56.59	69.82	1.61	13.18
	2006	2.85	56.49	69.13	1.31	17.43
	2007	3.38	55.62	68.03	1.24	21.89
	2008	4.00	54.85	66.63	1.31	25.12
	2009	4.43	53.88	63.28	1.07	25.32
	2010	5.28	52.51	64.02	1.13	28.50
	2011	6.23	51.32	70.85	1.17	32.13
	2012	6.83	50.17	68.74	1.22	35.76
	2013	7.54	48.68	67.13	1.49	33.26
	2014	8.19	47.40	66.89	1.35	34.56
	2015	8.80	45.70	65.84	1.36	35.23
	2016	9.69	44.70	64.58	—	36.87
辽宁	2004	1.58	45.89	69.74	1.73	5.41
	2005	1.91	48.08	68.59	1.61	3.59
	2006	2.19	49.08	67.73	1.58	5.99
	2007	2.61	49.66	65.73	1.14	9.10
	2008	3.17	52.37	61.58	1.22	12.02
	2009	3.51	51.97	59.92	1.35	15.44
	2010	4.24	54.05	57.66	1.12	20.75
	2011	5.08	54.67	56.78	1.69	24.27
	2012	5.66	53.24	55.32	2.75	26.79
	2013	6.20	51.31	54.13	1.28	29.04
	2014	6.52	50.20	53.87	0.95	30.78
	2015	6.54	45.50	52.21	1.02	31.85
	2016	5.08	38.70	50.89	—	32.21

省份	年份	人均GDP（万元/人）	产业结构（%）	能源结构（%）	污染治理水平（%）	外商直接投资（十亿美元）
上海	2004	4.48	48.21	47.36	0.94	6.54
	2005	4.96	47.38	46.24	0.96	6.85
	2006	5.49	47.01	41.39	0.91	7.11
	2007	6.20	44.59	38.85	1.01	7.92
	2008	6.69	43.25	38.24	1.12	10.08
	2009	6.92	39.89	36.55	1.06	10.54
	2010	7.61	42.05	37.47	0.78	11.12
	2011	8.26	41.30	38.93	0.75	12.60
	2012	8.54	38.92	35.85	0.66	15.19
	2013	9.10	36.24	36.81	0.87	16.78
	2014	9.74	34.70	36.21	1.06	17.01
	2015	10.38	31.80	35.25	0.88	17.85
	2016	11.66	29.80	34.89	—	18.21
浙江	2004	2.38	53.66	61.03	1.41	6.68
	2005	2.71	53.40	57.47	1.19	7.72
	2006	3.12	54.15	61.24	0.89	8.89
	2007	3.67	54.15	64.05	0.94	10.37
	2008	4.14	53.90	61.66	2.42	10.07
	2009	4.38	51.80	60.92	0.86	9.94
	2010	5.17	51.58	59.08	1.20	11.00
	2011	5.92	51.23	59.21	0.74	11.67
	2012	6.34	49.95	56.80	1.08	13.07
	2013	6.88	47.80	55.13	1.04	14.16
	2014	7.30	47.70	54.78	1.18	15.21
	2015	7.76	46.00	53.89	1.03	15.89
	2016	8.49	44.90	52.41	—	16.78

省份	年份	人均 GDP（万元/人）	产业结构（%）	能源结构（%）	污染治理水平（%）	外商直接投资（十亿美元）
山东	2004	1.64	56.44	82.04	1.24	8.70
	2005	1.99	57.05	74.64	1.29	8.97
	2006	2.36	57.41	77.41	1.17	10.00
	2007	2.76	56.82	77.61	1.24	11.01
	2008	3.29	56.81	80.36	1.39	8.20
	2009	3.59	55.76	76.67	1.36	8.01
	2010	4.11	54.22	76.60	1.24	9.17
	2011	4.73	52.95	74.87	1.35	11.16
	2012	5.18	51.46	73.88	1.48	12.35
	2013	5.69	49.69	74.08	1.55	14.05
	2014	6.09	48.40	73.87	1.39	14.89
	2015	6.42	46.80	72.45	1.10	15.21
	2016	6.87	46.10	71.01	—	15.78
安徽	2004	0.77	38.76	92.33	0.86	0.55
	2005	0.86	41.98	91.57	0.92	0.69
	2006	0.10	44.35	89.23	0.84	1.39
	2007	1.20	45.80	90.31	1.12	3.00
	2008	1.44	47.44	97.62	1.57	3.49
	2009	1.64	48.75	99.70	1.38	3.88
	2010	2.09	52.08	98.43	1.46	5.01
	2011	2.57	54.31	98.24	0.75	6.63
	2012	2.88	54.64	92.47	1.92	8.64
	2013	3.20	54.03	91.24	2.66	10.69
	2014	3.44	53.10	90.89	2.06	11.56
	2015	3.60	49.70	88.78	2.00	12.58
	2016	3.96	48.40	87.56		13.23

省份	年份	人均GDP（万元/人）	产业结构（%）	能源结构（%）	污染治理水平（%）	外商直接投资（十亿美元）
河南	2004	0.92	48.89	91.54	0.69	0.87
	2005	1.13	52.08	90.20	0.78	1.23
	2006	1.32	54.40	92.43	0.76	1.85
	2007	1.60	55.17	92.79	0.76	3.06
	2008	1.92	56.94	89.84	0.60	4.03
	2009	2.06	56.52	88.41	0.62	4.80
	2010	2.44	57.28	86.8	0.57	6.25
	2011	2.87	57.28	87.88	0.61	6.25
	2012	3.15	56.33	76.24	0.71	12.12
	2013	3.42	52.01	77.41	0.90	13.46
	2014	3.71	51.00	76.89	0.84	14.01
	2015	3.91	48.40	75.48	0.80	14.78
	2016	4.26	47.60	75.01	—	15.89
湖北	2004	0.99	41.19	62.54	0.71	2.07
	2005	1.16	43.28	61.31	0.95	2.18
	2006	1.34	44.18	62.4	0.89	2.45
	2007	1.64	44.39	61.97	0.70	2.77
	2008	1.99	44.86	56.70	0.80	3.24
	2009	2.27	46.59	57.84	1.16	3.66
	2010	2.79	48.64	63.56	0.92	4.05
	2011	3.42	50.00	68.10	1.32	4.66
	2012	3.86	50.30	63.85	1.28	5.67
	2013	4.28	47.54	62.14	1.02	6.89
	2014	4.71	46.90	61.89	1.16	7.21
	2015	5.07	45.70	60.78	0.84	8.01
	2016	5.67	44.90	59.01	—	8.89

省份	年份	人均GDP （万元/人）	产业结构 （%）	能源结构 （%）	污染治理水平 （%）	外商直接投资 （十亿美元）
湖南	2004	0.92	38.82	65.25	0.52	1.42
	2005	1.06	39.61	64.29	0.58	2.07
	2006	1.21	41.45	63.72	0.71	2.59
	2007	1.49	42.14	63.13	0.70	3.27
	2008	1.81	43.52	58.79	0.82	4.01
	2009	2.04	43.55	57.61	1.12	4.60
	2010	2.47	45.79	54.35	0.66	5.18
	2011	2.99	47.6	57.49	0.65	6.15
	2012	3.35	47.42	51.55	0.86	7.28
	2013	3.69	46.93	50.23	0.95	8.70
	2014	4.03	46.20	49.87	0.79	9.50
	2015	5.07	44.30	48.56	1.86	10.25
	2016	4.64	42.30	47.23	—	11.12
江西	2004	0.81	45.31	71.02	0.85	2.05
	2005	0.94	47.27	70.71	0.91	2.42
	2006	1.11	50.20	70.39	0.80	2.81
	2007	1.33	51.30	73.08	0.83	3.10
	2008	1.59	51.00	69.89	0.60	3.60
	2009	1.73	51.20	65.81	0.92	4.02
	2010	2.13	54.20	70.20	1.66	5.10
	2011	2.62	54.61	72.05	2.06	6.06
	2012	2.88	53.62	67.17	2.44	6.82
	2013	3.19	53.52	66.52	1.67	7.55
	2014	3.47	52.50	65.78	1.47	8.23
	2015	3.67	50.30	64.89	1.41	9.01
	2016	4.04	47.70	62.25	—	9.89

省份	年份	人均GDP（万元/人）	产业结构（%）	能源结构（%）	污染治理水平（%）	外商直接投资（十亿美元）
山西	2004	1.07	53.74	144.13	1.48	0.09
	2005	1.26	55.72	143.87	1.16	0.28
	2006	1.45	56.48	143.65	1.33	0.47
	2007	1.78	57.34	133.71	1.69	1.34
	2008	2.15	57.99	129.29	2.03	1.02
	2009	2.15	54.28	127.31	2.14	0.49
	2010	2.63	56.89	126.92	2.25	0.71
	2011	3.14	59.01	130.57	2.21	2.07
	2012	3.36	55.57	127.64	2.71	2.50
	2013	3.50	52.21	126.54	2.68	2.81
	2014	3.51	49.30	125.78	2.30	2.98
	2015	3.49	40.70	123.56	2.02	3.25
	2016	3.55	38.50	120.85	—	4.56
陕西	2004	0.86	48.91	78.52	1.24	0.53
	2005	1.07	49.61	77.56	0.99	0.63
	2006	1.28	51.70	86.24	0.91	0.92
	2007	1.55	51.87	83.23	1.17	1.12
	2008	1.97	52.79	86.11	1.10	1.37
	2009	2.19	51.85	84.33	1.46	1.51
	2010	2.71	53.80	93.60	1.77	1.82
	2011	3.35	55.43	97.46	1.23	2.35
	2012	3.86	55.86	101.85	1.25	2.94
	2013	4.31	55.00	99.65	1.38	3.68
	2014	4.69	54.10	98.01	1.61	4.01
	2015	4.76	50.40	98.54	1.33	4.25
	2016	5.10	48.90	97.58	—	5.03

省份	年份	人均GDP（万元/人）	产业结构（%）	能源结构（%）	污染治理水平（%）	外商直接投资（十亿美元）
甘肃	2004	0.66	42.24	63.22	1.06	0.04
	2005	0.75	43.36	61.34	1.05	0.02
	2006	0.89	45.81	59.62	1.22	0.03
	2007	1.06	47.31	62.29	1.41	0.12
	2008	1.24	46.43	62.57	0.98	0.13
	2009	1.33	45.08	58.36	1.31	0.13
	2010	1.61	48.17	65.00	1.55	0.14
	2011	1.96	47.36	69.31	1.19	0.07
	2012	2.20	46.02	66.85	2.15	0.06
	2013	2.45	43.37	60.54	2.81	0.07
	2014	2.64	42.80	59.78	2.10	0.08
	2015	2.62	36.70	58.26	1.80	0.10
	2016	2.76	34.90	57.52	—	0.15
广西	2004	0.75	36.51	49.10	0.96	0.30
	2005	0.86	37.91	56.00	1.01	0.38
	2006	1.01	39.58	53.70	0.85	0.45
	2007	1.23	41.65	59.00	1.10	0.68
	2008	1.47	43.27	56.10	1.30	0.97
	2009	1.60	43.58	58.80	1.70	1.04
	2010	2.02	47.14	53.90	1.71	0.91
	2011	2.53	48.42	53.90	1.38	1.01
	2012	2.80	47.93	53.40	1.46	0.75
	2013	3.07	46.58	54.90	1.52	0.70
	2014	3.31	46.70	54.80	1.28	0.78
	2015	3.52	45.90	53.69	1.55	0.82
	2016	3.80	45.20	53.02	—	0.89

省份	年份	人均 GDP（万元/人）	产业结构（%）	能源结构（%）	污染治理水平（%）	外商直接投资（十亿美元）
贵州	2004	0.43	40.62	110.23	0.97	0.07
	2005	0.54	40.95	109.54	0.71	0.11
	2006	0.63	41.37	115.03	0.86	0.09
	2007	0.79	39.00	111.66	0.82	0.13
	2008	0.99	38.47	98.13	0.70	0.15
	2009	1.10	37.74	103.01	0.54	0.13
	2010	1.31	39.11	95.30	0.65	0.30
	2011	1.64	38.48	95.20	1.14	0.52
	2012	1.97	39.08	96.38	1.01	0.49
	2013	2.32	40.51	95.89	1.37	0.58
	2014	2.64	41.60	95.45	1.84	0.61
	2015	2.98	39.50	95.21	1.31	0.63
	2016	3.32	39.70	94.02	—	0.65
内蒙古	2004	1.27	41.05	103.02	1.63	0.63
	2005	1.63	45.41	102.88	1.75	1.19
	2006	2.05	48.03	103.06	2.19	1.74
	2007	2.65	49.72	103.60	1.49	2.15
	2008	3.49	51.51	112.68	1.74	2.65
	2009	3.97	52.50	111.94	1.59	2.98
	2010	4.73	54.56	114.68	2.05	3.38
	2011	5.80	55.97	132.22	2.76	3.84
	2012	6.39	55.42	132.2	2.80	3.94
	2013	6.78	53.82	131.25	3.01	4.64
	2014	7.10	51.30	130.25	3.16	5.01
	2015	7.11	50.50	131.02	3.01	5.25
	2016	7.21	47.20	131.24	—	5.89

省份	年份	人均GDP（万元/人）	产业结构（%）	能源结构（%）	污染治理水平（%）	外商直接投资（十亿美元）
宁夏	2004	0.92	45.44	92.53	3.93	0.07
	2005	1.03	45.88	91.51	2.00	0.07
	2006	1.21	48.43	88.09	3.00	0.04
	2007	1.51	49.51	95.99	3.76	0.05
	2008	1.96	50.67	94.83	2.81	0.06
	2009	2.18	48.94	100.8	2.12	0.07
	2010	2.69	49.00	111.87	2.04	0.08
	2011	3.30	50.24	131.52	2.73	0.20
	2012	3.64	49.52	126.12	2.38	0.22
	2013	3.96	48.87	123.14	2.82	0.15
	2014	4.18	48.70	120.87	2.86	0.18
	2015	4.38	47.40	118.56	2.98	0.21
	2016	4.72	47.00	115.45	—	0.27
青海	2004	0.87	45.42	31.52	13.5	0.23
	2005	1.00	48.70	29.9	0.97	0.27
	2006	1.19	51.18	34.23	0.94	0.28
	2007	1.45	52.55	36.07	1.35	0.31
	2008	1.84	54.69	41.25	1.88	0.22
	2009	1.95	53.21	39.85	1.13	0.22
	2010	2.41	55.14	35.35	1.26	0.22
	2011	2.95	58.38	33.78	1.57	0.17
	2012	3.32	57.69	37.68	1.27	0.21
	2013	3.69	54.25	35.62	1.75	0.09
	2014	3.97	53.60	35.21	1.30	0.12
	2015	4.13	49.90	36.25	1.44	0.18
	2016	4.35	48.60	35.78	—	0.21

省份	年份	人均GDP （万元/人）	产业结构 （%）	能源结构 （%）	污染治理水平 （%）	外商直接投资 （十亿美元）
四川	2004	0.79	39.02	47.58	1.14	0.70
	2005	0.91	41.53	47.1	1.06	0.89
	2006	1.06	43.44	46.94	0.82	1.21
	2007	1.30	44.013	47.49	0.97	1.49
	2008	1.55	46.21	50.59	0.81	3.09
	2009	1.73	47.43	53.16	0.73	3.59
	2010	2.12	50.46	45.99	0.52	6.03
	2011	2.61	52.45	41.54	0.67	9.48
	2012	2.96	51.67	41.22	0.75	9.80
	2013	3.26	51.05	41.03	0.89	10.28
	2014	3.51	48.90	40.78	1.01	10.57
	2015	3.68	44.10	40.25	0.72	11.46
	2016	4.00	40.80	40.01	—	11.89
新疆	2004	1.13	41.40	61.00	1.72	0.05
	2005	1.31	44.73	56.10	1.28	0.05
	2006	1.50	47.92	56.70	0.77	0.10
	2007	1.70	46.76	57.80	1.00	0.12
	2008	1.98	49.50	61.70	1.13	0.19
	2009	1.99	45.11	65.90	1.83	0.22
	2010	2.50	47.67	65.80	1.44	0.24
	2011	3.01	48.80	67.90	2.01	0.33
	2012	3.38	46.39	66.50	3.40	0.41
	2013	3.76	42.34	65.80	3.81	0.48
	2014	4.06	42.60	65.25	4.24	0.51
	2015	4.00	38.60	64.78	3.10	0.56
	2016	4.06	37.80	64.01	—	0.62

省份	年份	人均GDP（万元/人）	产业结构（%）	能源结构（%）	污染治理水平（%）	外商直接投资（十亿美元）
云南	2004	0.70	41.59	80.21	0.76	0.14
	2005	0.78	41.19	79.23	0.82	0.17
	2006	0.89	42.78	80.72	0.72	0.30
	2007	1.06	42.71	76.31	0.63	0.40
	2008	1.26	43.09	75.28	0.77	0.78
	2009	1.35	41.86	79.02	1.29	0.91
	2010	1.58	44.62	76.99	1.47	1.33
	2011	1.93	42.51	72.36	1.34	1.74
	2012	2.22	42.87	67.43	1.28	2.19
	2013	2.53	41.74	70.25	1.68	2.71
	2014	2.73	41.20	70.01	1.19	3.25
	2015	2.88	39.80	69.45	1.03	2.98
	2016	3.11	38.50	69.23	—	3.56

资料来源：环境规制绩效的数据为书中根据DEA方法测算所得的数据，其他数据来源于历年《中国统计年鉴》《中国环境统计年鉴》，以及新华网、人民网的政务公开数据。

参 考 文 献

[1] 包国宪，曹西安. 我国地方政府绩效评价的回顾与模式分析 [C]. 中国会议，2005（8）：1223 – 1230.

[2] 曹颖. 环境绩效评估指标体系研究——以云南省为例 [J]. 生态经济，2006（5）：330 – 332.

[3] 陈劲锋.2000～2005 年中国的资源环境综合绩效评估研究 [J]. 科学管理研究，2007（6）：51 – 53.

[4] 陈咸奖. 规制、腐败与规制改革 [J]. 生产力研究，2008（10）：6 – 8.

[5] 邓琼. 公民参与地方政府绩效评估的影响因素与途径 [D]. 湘潭大学硕士学位论文，2005（5）.

[6] 豆建民，崔书会. 国内市场一体化促进了污染产业转移吗？[J]. 产业经济研究，2018（4）：76 – 86.

[7] 冯海波，方元子. 地方财政支出的环境效应分析——来自中国城市的经验考察 [J]. 财贸经济，2014（2）：30 – 43.

[8] 郭艳，张群等. 国际贸易、环境规制与中国的技术创新 [J]. 上海经济研究，2013（1）：122 – 129.

[9] 韩超，张伟广，冯展斌. 环境规制如何"去"资源错配——基于中国首次约束性污染控制的分析 [J]. 中国工业经济，2017（4）：115 – 134.

[10] 贺欣，李小霞. 战略环境监管指标体系的分析与构建——以"十二五"规划环境监管约束性指标为例 [J]. 宏观经济研究，2015（2）：50 – 59.

[11] 计志英，毛杰，赖小锋.FDI 规模对我国环境污染的影响效应研究——基于 30 个省级面板数据模型的实证检验 [J]. 世界经济研究，2015（3）：56 – 64.

[12] 贾恭惠. 环境友好性政府 [M]. 北京：中国环境科学出版社，2006.

[13] 蒋伏心，王竹君，白俊红. 环境规制对技术创新影响的双重效应——基于江苏制造业动态面板数据的实证研究 [J]. 中国工业经济，2013 (7)：44 - 55.

[14] 颉茂华，王瑾，刘冬梅. 环境规制、技术创新与企业经营绩效 [J]. 南开管理评论，2014 (6)：106 - 113.

[15] 刘研华，王宏志. 我国环境规制效率的变化趋势及对策研究 [J]. 生态经济，2009 (11)：172 - 175.

[16] 李胜兰，初善冰，申晨. 地方政府竞争、环境规制与区域生态效率 [J]. 世界经济，2014 (4)：88 - 107.

[17] 刘斌斌，黄吉焱. FDI进入方式对地区绿色技术创新效率影响研究——基于环境规制强度差异视角 [J]. 当代财经，2017 (4)：89 - 98.

[18] 罗艳，陈平. 环境规制对中国工业绿色创新效率改善的门槛效应研究 [J]. 东北大学学报（社会科学版），2018 (3)：147 - 154.

[19] 吕明元，安媛媛. 基于环境约束的工业生态效率实证分析——以山东省为例 [J]. 山东财经大学学报，2014 (4)：43 - 48.

[20] 梅黎明. 中国环境规制政策的影响评价研究 [D]. 江西财经大学博士学位论文，2009 (6).

[21] 彭国甫. 对政府绩效评估几个基本问题的反思 [J]. 湘潭大学学报（哲学社会科学版），2004 (3)：6 - 11.

[22] 齐绍洲，徐佳. 环境规制与制造业低碳国际竞争力——基于二十国集团"波特假说"的再检验 [J]. 武汉大学学报（哲学社会科学版），2018 (1)：132 - 144.

[23] 沈能，刘凤朝. 高强度的环境规制真能促进技术创新吗？——基于"波特假说"的再检验 [J]. 中国软科学，2012 (4)：49 - 59.

[24] 宋马林，王舒鸿. 环境规制、技术进步与经济增长 [J]. 经济研究，2013 (3)：122 - 134.

[25] 孙开，孙琳. 流域生态补偿机制的标准设计与转移支付安排——基于资金供给视角的分析 [J]. 财贸经济，2015 (12)：118 - 128.

［26］孙学敏，王杰．环境规制对中国企业规模分布的影响［J］.
中国工业经济，2014（12）：44－56.

［27］王化，曹东，王金南等．环境信息公开理念与实践［M］.北
京：中国环境科学出版社，2002.

［28］王佳，盛鹏飞．环境治理降低中国工业全要素增长了
吗？——基于修正方向性距离函数的研究［J］.产业经济研究，2015
（5）：31－39.

［29］王金南，吴舜泽，曹东等．环境安全管理评估与预警［M］.
北京：科学出版社，2007.

［30］王勇，李雅楠，李建民．环境规制、劳动力再配置及其宏观
含义［J］.经济评论，2017（2）：33－46.

［31］王锡锌．对"参与式"政府绩效评估制度的评估［J］.行政
法学研究，2007（1）：7－13.

［32］王晓宁，毕军等．基于绩效评估的地方环境保护机构能力分
析［J］.中国环境科学，2006（3）：380－384.

［33］吴建南，岳妮．利益相关性是否影响评价结果客观性：基
于模拟实验的绩效评价主体选择研究［J］.管理评论，2007（3）：
58－62.

［34］吴建南，庄秋爽．"自下而上"评价政府绩效探索："公民
评议政府"的得失分析［J］.理论与改革，2004（9）：69－71.

［35］吴小建．政府绩效评估中的公众参与问题研究［J］.安徽广
播电视大学学报，2007（3）：6－9.

［36］吴玉萍，董锁成等．北京市经济增长与环境污染水平计量模
型研究［J］.地理研究，2002（2）：239－246.

［37］夏永久，陈兴鹏等．西北河谷型城市环境政策评价研究——
以兰州市为例［J］.兰州大学学报，2006（2）：1－5.

［38］席涛．政府监管影响评估分析：国际比较与中国改革［J］.
中国人民大学学报，2007（4）：16－24.

［39］肖兴志，何能杰．英国监管影响评价体制与体系［J］.中国
会议，2006（6）：1563－1571.

［40］肖兴志，孙阳．规制影响评价的理论、方法与应用［J］.经
济管理，2007（6）：86－91.

[41] 谢荣辉. 环境规制、引致创新与中国工业绿色生产率提升 [J]. 产业经济研究, 2017 (2): 38 - 48.

[42] 严刚, 王金南. 中国的排污交易: 实践与案例 [M]. 北京: 中国环境科学出版社, 2011.

[43] 杨小森. 充分发挥非政府组织在地方政府绩效评估中的作用 [J]. 理论导刊, 2006 (10): 13 - 15.

[44] 叶汝求, 任勇. 中国环境经济政策研究——环境税、绿色信贷与保险 [M]. 北京: 中国环境科学出版社, 2011.

[45] 叶祥松, 彭良燕. 我国环境规制下的规制效率与全要素生产率研究: 1999 ~ 2008 [J]. 财贸经济, 2011 (2): 102 - 110.

[46] 余东华, 孙婷. 环境规制、技能溢价与制造业国际竞争力 [J]. 中国工业经济, 2017 (5): 35 - 53.

[47] 宇燕, 席涛. 监管型市场与政府管制: 美国政府管制制度演变分析 [J]. 世界经济, 2003 (5): 3 - 26.

[48] 袁宝龙. 制度与技术双 "解锁" 是否驱动了中国制造业绿色发展? [J]. 中国人口·资源与环境, 2018 (3): 117 - 127.

[49] 原毅军, 谢荣辉. 环境规制的产业结构调整效应研究——基于中国省际面板数据的实证检验 [J]. 中国工业经济, 2014 (8): 57 - 69.

[50] 臧传琴. 从 "经纪人" 假设到 "政府失灵" ——评公共选择学派的政府失灵理论 [J]. 江汉论坛, 2007 (2): 47 - 50.

[51] 臧传琴. 环境规制与地方政府激励模式优化 [J]. 山东财经大学学报, 2015 (3): 44 - 52.

[52] 臧传琴, 陈蒙. 财政环境保护支出效应分析——基于 2007 ~ 2015 年中国 30 个省份的面板数据 [J]. 财经科学, 2018 (6): 68 - 79.

[53] 臧传琴, 刘岩. 环境规制对中国电力产业竞争力影响的实证分析 [J]. 山东财政学院学报, 2011 (2): 62 - 66.

[54] 臧传琴, 张菡. 环境规制技术创新效应的空间差异——基于 2000 ~ 2013 年中国面板数据的实证分析 [J]. 宏观经济研究, 2014 (11): 72 - 83.

[55] 臧传琴, 朱彩彩, 申培海. 消费税的环境保护效应——基于 2000 ~ 2011 年中国经验数据的实证分析 [J]. 海派经济学, 2015 (10):

118 - 130.

［56］曾国安，胡晶晶．有关经济管制的几个问题［J］．湖北经济学院学报，2006（1）：13 - 18.

［57］张红凤，张细松．环境规制理论研究［M］．北京：北京大学出版社，2012.

［58］张红凤，周峰等．环境保护与经济发展双赢的规制绩效实证分析［J］．经济研究，2009（3）：14 - 27.

［59］张坤民．中国环境保护投资报告［M］．北京：清华大学出版社，1992.

［60］张嫚．环境规制对企业竞争力的影响［J］．中国人口·资源与环境，2004（4）：126 - 130.

［61］张倩，邬丽群．环境规制下煤炭企业绿色技术创新的动态演化［J］．煤炭经济研究，2017（11）：51 - 56.

［62］张庆霖，苏启林．政府规制失灵：原因与治理［J］．经济学动态，2009（4）：38 - 41.

［63］张勇．环境安全论［M］．北京：中国环境科学出版社，2005.

［64］张中元．赵国庆.FDI、环境规制与技术进步——基于中国省级数据的实证分析［J］．数量经济技术经济研究，2012（4）：19 - 32.

［65］周厚丰．环境保护的博弈［M］．北京：中国环境科学出版社，2007.

［66］周耀东．管制失灵：成因及治理［J］．经济体制改革，2004（2）：9 - 13.

［67］Alpay E，Buccola S，Kerkdie J（2002）．Productivity growth and environmental regulation in mexican and U. S. food manufacturing［J］．American Journal of Agricultural Economics，（4）：887 - 901.

［68］Arrow，Kenneth et al（1996）．Is There A role for benefit-cost analysis in environmental，health，and safety regulation?［J］．Science，Vol. 272，April 2，pp. 21 - 25.

［69］Barbera A J，McConnel V D（1990）．The impact of environmental regulations on industry productivity：direct and indirect effects［J］．Journal of Environmental Economics and Management，（1）：50 - 65.

［70］ Baron D. & Myerson. R. (1982). Regulating a monopolist with un-known costs ［J］. Econometrica, 50 (4): 911 –930.

［71］ Bernstein, M. H. (1955). Regulating business by independent commission ［M］. Princeton: Princeton University Press: 222.

［72］ Berman, E., and L. T. M. Bui (2001). Environmental regula-tion and productivity: evidence from oil refineries ［J］. Review of Economics and Statistics, 83 (3): 498 –510.

［73］ Bhattarai M. and Hammig M. (2001). Institution and the Environ-mental Kuznets Curve for Deforestation: a cross country analysis for latin America, Africa and Asia ［R］. World Development, (6): 995 –1010.

［74］ Blackman, A. and Kildegaard, A. (2010). Clean technological change in developing-country industrial clusters: Mexican leather tanning ［J］. Enviromental Economics and Polocy Studies, 12 (3): 115 –132.

［75］ Blundell & Robinson (2000). Regulation without the state: the debate continues ［M］. London: Institute of Economic Affairs.

［76］ Boyd, G. A. Mc Cell and J. D. (1999). The impact of environ-mental constraints on productivity improvement in integrated paper plants ［J］. Journal of Environmental Economics and Manage-ment, (2): 121 –142.

［77］ BranLund R Y Chung et al (1998). Emissions trading and profit-ability: the Swedish pulp and paper industry ［R］. Repack working papers.

［78］ Brunnermeier S B, Cohen M A (2003). Determinants of environ-mental inovation in US manufacturing industries ［J］. Journal of Environmen-tal Economics and Management, (2): 278 –293.

［79］ Coase. R (1960). The problem of social cost ［J］. Journal of Law and Economics, (3): 1 –44.

［80］ Conrad, K., and Wastl D. (1995). The impacts of environmen-tal regulation on productivity in German industries ［J］. Empirical Econom-ics, 20 (4): 615 –633.

［81］ Curtis, E. M (2014). Who loses under power plant cap-and-trade programs. NBER Working Paper 20808.

［82］ Dasgupta, S., Laplante B., Mamingi N. and Wang H. (2001). Inspections, pollution prices, and environmental performance: evidence from China [J]. Ecological Economics, 36 (3): 487 – 498.

[83] Denison, E. F. (1981). Accounting for slower wconomic growth: The United States in the 1970s [J]. Southern Economic Journal, 4 (47): 1191 – 1193.

[84] Deschenes, O (2010). Climate policy and labor markets. NBER Working Paper 16111.

[85] Eric. A. Posner (2001). Controlling agencies with cost-benefit analysis: a positive political theory perspective [J]. The University of Chicago Law Review 68 (4): 1137 – 1191.

[86] Giovanni, J. D. Levchenko, A. A. and Ranciere, R. (2011). Power laws in firm size and openness to trade: Measurement and implications [J]. Journal of International Economics, 85 (1): 42 – 52.

[87] Greenstone M. (2002). The Impacts of environmental regulation on industrial activity: evidence from the 1970 and 1977 clean air act amendments and the census of manufactures [J]. Journal of Political Economy 110 (6): 1175 – 1219.

[88] Greenston, M., and List, J. A. (2012). The effects of environmental regulation on the competitiveness of U. S. manufacturing [R]. NBER Working Paper.

[89] Lanoie P, Patry M (2001). Environmental regulation and productivity: new findings on the porter hypothesis [R]. Working Paper.

[90] Leightner. J. E. & Lovell C. A. K. (1998). The impact of financial liberalization on the performance of Thai Banks [J]. Journal of Economical Business 50 (3): 115 – 131.

[91] Liu, W., B. W. Meng, X. X., Li and Zhang D. Q. (2010). DEA Models with Undesirable Inputs and Outputs [J]. Annals of Operations Research, 173 (1): 177 – 194.

[92] Motgomery W. E (1972). Markets in license and efficient pollution control programs [J]. Journal of Economic Theory, (5): 395 – 418.

[93] Gollop F M, Robert M J (1983). Environmental regulations and productivity growth: The case of fossil fueled electric power generation [J]. Journal of Political Economy, (4): 654 – 665.

［94］ Gray W B, Sha begian（1995）. Pollution abatement cost, regulation and plant level productivity ［R］. Washington D C: NBER Working Paper.

［95］ Greenstone. M.（2002）. The Impacts of environmental regulation on industrial activity: evidence from the 1970 and 1977 clean air act amendments and the census of manufactures ［J］. Journal of Political Economy 110 (6): 1175 – 1219. .

［96］ Hahn. A.（2002）. A non-transparent European Central Bank? Who is to blame? ［M］. Groningen: University of Groningen, 1 – 18.

［97］ Hahn. R. W. & and Sunstein. C. R.（2002）. A new executive order for improving federal regulation? Deeper and wider cost benefit analysis ［J］. University of Pennsylvania Law Review, 150: 1489 – 1532.

［98］ Hettige. H. M. and Mani. D.（2000）. Industrial pollution in economic development: kuznets revisited ［J］. Journal of Development Economics, 27 (2): 445 – 476.

［99］ Jaffe A B, Palmer JK（1997）. Environmental regulation and innovation: a panel data study ［J］. Review of Economics and Statistics (4): 610 – 619.

［100］ Jorgenson D J, Wilcoxen P J（1990）. Environmental regulation and U. S economic growth ［J］. The Rand Journal of Economics (2): 313 – 340.

［101］ Lanjouw JO, Mody A（1996）. Innovation and the international diffusion of environmentally responsive technology ［J］. Research Policy, (4): 549 – 571.

［102］ Laplante. B. and Rilstone. P.（1996）. Environmental inspections and emissions of the pulp and paper industry in Quebec ［J］. Journal of Environmental Economics and Management, 48 (1): 19 – 36.

［103］ Magat. W. A. and Viscusi. W. K.（1990）. Effectiveness of the EPA'S regulatory enforcement: the case of industrial effluent standards ［J］. Journal of Law and Economics, 33 (2): 331 – 360.

［104］ Miehael Hantke – Domas（2003）. The public interest theory of regulation: non-existence or minister pretation? ［J］. Euro Pean Journal of

Law and Economics, 15 (2): 166.

[105] Morgenstern, R. D. , W. A. Pizer and J. S. Shih (2002). Jobs versus the environment: An industry-level perspective [J]. Journal of Environmental Economics and Management, 34 (3): 412 – 436.

[106] Nadeau. L. W. (1997). EPA effectiveness at reducing the duration of plant level noncompliance [J]. Journal of Environmental Economics and Management, 49 (1): 54 – 78.

[107] Nelson. R. & Winter. S. (1982). An evolutionary rheory of economic change [M]. Cambridge: The Belknap Press of Harvard University Press.

[108] OECD. (2006). Applying strategic environmental assessment: good practice guidance for envelopment co-operation [EB]. http: //www. oecd. org.

[109] Owen. B. M. & Braeutigam. R. (1978). The regulation game: strategic use of the administrative process [M]. Cambridge, MA: Ballinger.

[110] Panayotou. T. (1997). Demystifying the environmental Kuznets Curve: turning a black box into a policy tool [J]. Environment and Development Economics 2 (4): 465 – 484.

[111] Porter M E (1991). America's green strategy [J]. Scientific American, 147 (6): 168.

[112] Porter M E, Linde C (1995). Toward a new conception of the environment-competitiveness relationship [J]. Journal of Economic Perspectives, (4): 97 – 118.

[113] Richard. A. Posner (2000). Cost-benefit analysis: definition, justification and comment on conference papers [J]. Journal of Legal Studies, 29 (2): 1153 – 1177.

[114] Peltzman. S (1976). Toward a more general theory of regulation [J]. Journal of Low and Economics, 19 (2): 211 – 240.

[115] Stigler G. J. (1971). The theory of economic regulation [J]. Bell Journal of Economics, 2 (1): 3 – 21.

[116] Sunstein. C. R. (1996). Congress, constitutional moments and the cost-benefit state [J]. Stanford Law Review, 48 (2): 247 – 310.

［117］ Utton M. A. (1986). The economics of regulating industry ［M］. Oxford: Basil Blackwell, 1986.

［118］ Yang, C. , Tseng, Y. and Chen, C. (2012): Enviromental regulations, induced R&D and productivity: Evidence from Taiwan's manufacturing industries ［J］. Resource and Energy Economics, 9 (34): 514 – 532.